基本解説と事例でよくわかる

伝わる介護記録の書き方

鈴木 真 ●著

日本能率協会マネジメントセンター

はじめに

　「記録」「文字を書く」と聞くと、苦手と感じる方も多いかと思います。文字にするのには、自ら考えたことを整理して、相手にわかるように順番を決め、構成を考えなければいけません。そして次に、自らが伝えたいことを、どのような言葉で表現したら読み手に伝わるかを考え、言葉を選ばなければいけません。実際に書く場面では、日本語で書くのであれば、決まっている言葉の言い回しや文法といったルールにも注意しなければいけません。皆さんは、これら多くの工程があることを理解しているため、無意識的に敬遠したくなるのです。

　記録を書くためには、基本を学び理解したうえで、自分の考えを文字にすることを、何度も何度も繰り返し行うことが大事です。その中で、書いたとしても相手に伝わっていないのであれば、意味はありません。書いた時間と労力は無駄になります。きちんと伝わっているか確認するという意識を持つようにしましょう。

　本書では、記録の種類や書くうえでの基本ルールから始まり、悪い事例と良い事例の比較をしています。そして大事なのは、「どの場面を切り取り記録に残すか」という判断です。事例を参考に実際の場面を想像しながら、「この場面ではこのように切り取ればよいのか」と学べるようになっています。また、指導者の立場であれば、ポイントを参考に指導をすることも可能です。本書を活用して記録を書くことで、どのようなポイントに注意して記録に残すことが大事なのかが理解できるようになり、最後には、記録の仕方が身につくように構成されています。

　記録は、自らが行ったことを残すことだけでなく、残すことで何をすることができる職業なのかと、自らの職業の価値や介護の価値を示すことにもなります。また、後日問題になったことがあったとしても、記録に残し何をしたのかを明らかにしておくことで自らを守ってくれるものでもあります。

　記録に対して難しく考えず、本書に触れることで、まず、書いてみるという一歩を踏み出すきっかけとなればよいと思います。

2023年2月

鈴木　真

基本解説と事例でよくわかる
伝わる介護記録の書き方

Part2　介護記録の表現例

第1章　食事の場面

第2章　排泄の場面

第3章　入浴の場面

第4章　疾患・与薬への対応場面

PART
1
介護記録の
基本事項

第1節

記録することの意味

❶ 介護記録とは「介護職が関わる記録物すべて」を指す

　よく世間一般では、介護は介助するのが仕事だと見られます。しかし、介護の現場に入ってみると多くの記録物があふれ、記録に多くの時間が割かれていることを知ります。その記録物の多くは、国からの要請により増えたものです。その煩雑さが現場に負担をかけており、国も業務の効率化を目的に整理を行っています。介護記録は広い意味で捉えると、介護職が関わる記録物のすべて」を指します。

　また、介護職が専門職であるからこそ、記録に残すべきことがあります。専門職と呼ぶには、「専門性」「倫理」「価値」が必要です。記録は観察や気づきがなければ残せません。その観察点や気づきはまさに介護職の「専門性」であり、それを介助・支援計画に生かして「倫理」とすり合わせて、実践して見えるようにすることで「価値」が生まれます。単に書くだけの記録ではなく、専門職が書き記す記録には、その専門性・倫理・価値が盛り込まれているのです。

❷ 介護記録の種類を知ろう

　介護記録類を作成者別に見てみましょう。

（1）高齢分野
1. 主に介護支援専門員（ケアマネジャー）が作成
　　①「居宅サービス計画」「施設サービス計画」
　　②上記①に伴う「アセスメント表」「モニタリング表」

2．主に地域包括支援センターが作成
　　①「介護予防サービス・支援計画」
　　②上記①に伴う「基本チェックリスト」「アセスメント表」「モニタリング表」

3．主に生活相談員が中心となって作成
　　「通所介護計画書」

4．サービス提供責任者が作成
　　「訪問介護計画書」

5．担当する施設ケアマネジャーと担当介護職員が作成
　　「施設介護計画書」

（2）障害分野

1．主に相談支援専門員が作成
　　「サービス等利用計画」「障害児支援利用計画」

2．主にサービス管理責任者が作成
　　「個別支援計画」（18歳以上）

3．主に児童発達支援管理責任者が作成
　　「個別支援計画」「入所支援計画」（18歳未満）

（3）高齢分野・障害分野共通

● 日々の業務で介護職員が作成
　　①「サービス提供票」「生活記録表」「サービス実施記録」「ケア情報記録」「ケース記録」「業務日誌」
　　②その他「排泄確認表」「食事量確認表」など

第2節

記録の種類と内容

❶ 高齢分野の記録を理解しよう

高齢分野の一つ一つの記録を理解しましょう。

（1）ケアプラン

「ケアプラン」と呼ばれていますが、正式には、「施設サービス計画」「居宅サービス計画」「介護予防サービス・支援計画」と3種類あります。共通しているのは、初回の計画作成から、**利用者の身体的状況や精神的状況に合わせて見直し**がされ、更新が行われます。また、「施設サービス計画」「居宅サービス計画」は**要介護者**を対象とし、「介護予防サービス・支援計画」は**要支援者**を対象とします。

1．居宅サービス計画

要介護1〜5の認定を受けた方を対象とするケアプランです。

★作成者　　　主に利用者から依頼を受けた介護支援専門員（ケアマネジャー）

　　　　　　　※利用者本人や家族でもセルフケアプランを作成可能ですが、多くの方は依頼をされています。

★対象　　　　自宅や住宅（有料老人ホームやサービス付き高齢者住宅も含む）に暮らし、介護を要する方

★サービス　　在宅介護をする人を対象とした介護サービス全般

　　　　　　　※大きく分けると「訪問サービス」「通所サービス」「短期入所サービス（ショートステイ）」「その他のサービス」の4

種類があります。

〇**訪問サービス**……………訪問介護、訪問入浴介護、訪問看護、訪問リハビリテーション、居宅療養管理指導

〇**通所サービス**……………通所介護（デイサービス）、通所リハビリテーション（デイケア）、療養通所介護

〇**短期入所サービス**……短期入所生活介護、短期入所療養介護
（**ショートステイ**）

〇**その他のサービス**……福祉用具のレンタルおよび購入費の支給、住宅改修費の支給

2．施設サービス計画

要介護1〜5の認定を受けた方を対象とするケアプランです。

★**作成者**　　　施設に勤務する介護支援専門員（ケアマネジャー）

★**対象**　　　「指定介護老人福祉施設（特別養護老人ホーム）」「介護老人保健施設（老健）」「介護療養型医療施設」「介護医療院」に入所している方

〇**指定介護老人福祉施設（特別養護老人ホーム）**

在宅での生活が困難になった要介護者を対象とした施設です。原則として要介護3以上の方が利用可能です。

〇**介護老人保健施設（老健）**

在宅復帰のための医療的ケアやリハビリテーションを中心とした施設です。原則として施設長は医師です。要介護1以上の方が利用可能です。

〇**介護療養型医療施設と介護医療院**

医療的なケアやリハビリテーションを提供する医療施設です。医療的ケアが必要な方に介護サービスを提供します。要介護1以上の方が利用可能です。

★サービス　　入所施設内で必要な介護

3．介護予防サービス・支援計画

　要支援1・2の認定を受けた方、または、65歳以上で基本チェックリストにより「介護予防・生活支援サービス事業対象者」と判断された方を対象とするケアプランです。

★作成者　　主に地域包括支援センターの保健師
　　　　　　※一部、業務委託されている居宅介護支援事業所にいる介護
　　　　　　　支援専門員（ケアマネジャー）でも作成可能です。
★対象　　　自宅や住宅（有料老人ホームやサービス付き高齢者住宅も含
　　　　　　む）に暮らし、現在は介護を必要としないが、今後状態が悪
　　　　　　化すると要介護状態に移行することが懸念される方
★サービス　介護予防訪問リハビリテーションや介護予防短期入所生活介
　　　　　　護などの訪問サービスおよび通所サービス、市町村独自に提
　　　　　　供する介護予防サービス

（2）ケアプランの内容

　書式については、すべての介護記録類にもいえることですが、国が定めるものはありません。国が示すのは**記載するべき項目や内容**で、その**すべてが網羅**されていれば、**書式は自由**となっています。一般的には、国が提示した「介護サービス計画書の様式及び課題分析標準項目」が使用されています。

　「施設サービス計画書」と「居宅サービス計画書」があり、施設サービス計画書は第1表から第6表まで、居宅サービス計画書は第1表から第7表まであります。内容としては、基本となる計画をそれぞれの「第1表」と「第2表」に記載します。

1．第1表

　まず、「認定日」「認定の有効期間」「要介護状態区分」「居宅サービス計画作成日（初回）」「居宅サービス計画変更日」などの基本的な情報を記載しま

す。そして、介護支援専門員（ケアマネジャー）が利用者の希望や家族から聞きとり、アセスメントした結果に基づいて、「利用者及び家族の生活に対する意向を踏まえた課題分析の結果」や「総合的な援助の方針」を記載します。

①利用者及び家族の生活に対する意向を踏まえた課題分析の結果

　介護支援専門員（ケアマネジャー）は、**利用者と家族の意見を分けて**、どのような生活を送りたいと考えているのか、どのサービスをどのくらい利用したいのかという**意向を根拠**に、利用者が持っている力や生活環境等の評価を含め、**利用者が抱える問題点**を課題分析で明らかにします。その結果、どのような支援の可能性があるか、また、提案できるのかを記載します。

②総合的な援助の方針

　サービス担当者会議の中で、各種サービスの担当者がどのように考えているのかを**利用者や家族も含めて話し合い**ます。その結果、利用者や家族も含めた**ケアチームとしての方向性**を記載します。この方針は、各種介護計画にも引き継がれます。2021年4月の介護報酬改定で、事前に利用者または家族の承諾を得たうえで、書面に代えて、電磁的記録により契約を行うことができるようになりました（**コラム①参照**）。

　このため、ケアプランや各種介護計画書類からは、署名欄が削除されています。しかし、ケアプランや各種介護計画書類は、利用者から文書により同意を得ることが介護保険の基準とされており、署名をなくしてよいというわけではありません。そこで、ケアプランや各種介護計画書類などは、介護計画に対して利用者の意向を確認したことを証明するために**同意の署名**を受けます。これは、「○年○月○日に計画の説明を受け、その計画を私も同意して希望します」という意味の署名であり、あくまでも**本人の意向**を確認したことを示すものです。

2. 第2表

第2表には、第1表に記載された望まれる生活にどのように近づくのかを具体的に記載します。項目としては、「生活全般の解決すべき課題（ニーズ）」と「目標」があります。

①生活全般の解決すべき課題（ニーズ）

解決していかなければならない課題の優先順位を見立て、そこから目標を立てます。「利用者自身の力で取り組めること」「家族や地域の協力でできること」「ケアチームが支援すること」で、**できるようになること**などを整理します。そして、目標達成に向けた取り組みの具体的内容（サービス内容）、達成に必要な「サービス種別」「頻度」「期間」を設定し、わかりやすく記載します。また、アセスメントで明らかになった利用者の困りごとや希望を記載します。

C O L U M N ①

文書成立の真正を証明する手段

2021年4月の介護報酬改定で認めているのは、署名ではない以下の代替手段です。ただし、代替手段が取れない場合は署名が必要なため、ケアプランや各種介護計画書類の多くは、利用者から署名を受けています。

① 継続的な取引関係がある場合

取引先とのメールのメールアドレス・本文および日時等、送受信記録の保存

② 新規に取引関係に入る場合

契約締結前段階での本人確認情報（氏名・住所等および運転免許証などの根拠資料）の記録・保存、本人確認情報の入手過程（郵送受付やメールでの PDF 送付）の記録・保存、文書や契約の成立過程（メールや SNS 上のやりとり）の保存

③電子署名や電子認証サービスを活用する場合

利用時のログイン ID・日時や認証結果などを記録・保存できるサービスを含む。

②目標

　課題が解決できるように、提供されるサービスの目標を記載します。「長期目標」には、課題が解決された状態の達成目標を記載します。「短期目標」には、長期目標が達成されるように、より具体的に段階的で通過点のような文言での目標を記載します（**書式・記載例集**②「施設サービス計画書」参照）。

３．第３表以降

　第３表には、「週間サービス計画表」があり、１週間のサービス計画がひと目でわかるように記載します。

　前述したように、施設サービス計画書は第６表まで、居宅サービス計画書は第７表までであり、第４表以降には、サービス担当者会議の要点、介護支援経過、利用料を記載します（**書式・記載例集**③「居宅サービス計画書」参照）。

（３）介護計画書

　介護計画書はサービス種別によって変わります。第１節第２項で述べたように、作成者別に「通所介護計画書」「訪問介護計画書」「施設介護計画書」があります。

　すべてに共通しているのは、「本人の希望」「家族の希望」「利用者の課題」「長期目標」「短期目標」であり、これらはケアプランと共通しています。また、「各種サービスにおける具体的な目標とサービス内容」や「曜日ごとのサービス内容と所要時間」「実施後の変化」を記載するようになっていることが多いです。

　介護計画書も「ケアプラン」と同様に、計画書の内容を利用者や家族に説明し同意を得ることで、初めてサービスを提供することができます。また、その後どのような変化があったのか経過を報告することや、事業所との契約のための同意書としても活用されることがあります。

（４）介護計画書の特徴

１．通所介護計画書

　デイサービス（通所介護）での介護計画です。第１節第２項で述べたように、作成者はデイサービス（通所介護）に勤務する生活相談員が多いですが、職員とともに作成されます。記載項目に送迎の有無などを記載します。

　この計画書は、基本報酬以外にも「個別機能訓練加算」と「口腔機能向上加算」を算定するための必要な項目を満たせば、各加算算定用の計画書としても利用できるようになっています。

２．訪問介護計画書

　訪問介護での介護計画です。第１節第２項で述べたように、作成者は、訪問介護の責任者であるサービス提供責任者です。この計画書の中で重要なのは、なぜ訪問介護が必要なのかという理由を目標に取り入れること、居宅サービス計画書の第２表「サービス内容」をより具体的に詳細に記載すること、提供するのに必要な時間を記載することです。

　また、訪問介護員（ヘルパー）の標準的な訪問曜日（祝日等で対応が変更になる例外も含む）、訪問介護員（ヘルパー）の名前（可能性がある訪問介護員名は全員分）を記載します。さらに、買い物に一緒に訪問介護員（ヘルパー）が行く「買い物同行」が、雨天の場合に訪問介護員（ヘルパー）のみで行う「買い物代行」へと変更になることなども記載します。

３．施設介護計画書

　入所施設で使用されています。第１節第２項で述べたように、作成者は、施設ケアマネジャーと担当介護職員になることが多いです。この計画書の中で重要なのは、施設サービス計画書の第２表「サービス内容」をより具体的に詳細に記載すること、施設内のスケジュールに合わせたサービスを提供する頻度を記載することです。

　作成時に注意しなければならないのは、施設での集団生活のため、利用者の生活リズムが一律となり、画一的な介護が提供されやすい点があり、利用

者すべてが同じような内容になりやすいことです。担当介護職員はその点を理解し、記載した内容から利用者の顔が見えるような**個別的な計画書**となるように心がけて作成することが必要です。

4．アセスメントシート

アセスメントは、**利用者の生活状況や心身状態、経済状況、生活環境、家族を含めた要望**などを把握するために欠かせないものです。

アセスメントシートは、居宅サービス計画書の作成にあたる介護支援専門員（ケアマネジャー）にとっては、初回の計画作成時に必要な情報を収集するためには、とても重要なものになります。また、介護サービスを提供する介護事業所でも、介護計画書を作成する際に使用します。役割として重要なのは、必要な情報を項目に沿って記載すれば、**もれなく収集できる**こと、**利用者と家族、他職種などと共有できる**ことです（**書式・記載例集⑥**「アセスメントシート」参照）。

アセスメントシートには、さまざまな種類があるので、利用する事業所によって、記載しやすく必要な情報が記載できるもので決めることがいいでしょう。ただし、都道府県や市町村によっては、アセスメントシートの様式を指定している場合があり、注意が必要です。

また、項目に関しては、介護支援専門員（ケアマネジャー）に向けて、国が提示している課題分析標準項目（23項目）を満たしていれば、各事業所でも作成することもできます。自らの事業所で、代表的な様式以外にも記載したい項目があるような場合は、作成することを検討してもいいでしょう。

課題分析標準項目と主な内容例は、以下のとおりです。

①基本情報に関する項目

No.	標準項目名	項目の主な内容（例）
1	基本情報 （受付、利用者等基本情報）	氏名、性別、住所など 利用者の基本情報に関する項目

No.	標準項目名	項目の主な内容（例）
2	生活状況	利用者の現在の生活状況や生活歴に関する項目
3	利用者の被保険者情報	利用者の介護保険などの情報に関する項目
4	現在利用しているサービスの状況	介護保険給付であるかを問わず、現在受けているサービスの状況に関する項目
5	障害老人の日常生活自立度	日常生活自立度（ランクJ〜C）に関する項目
6	認知症である老人の日常生活自立度	日常生活自立度（ランクI〜M）に関する項目
7	主訴	利用者や家族の主な訴えや要望に関する項目
8	認定情報	利用者の要介護度区分など認定結果の情報に関する項目
9	課題分析（アセスメント）理由	課題分析を行う理由（初回、定期、退院・退所時等）

②課題分析（アセスメント）に関する項目

No.	標準項目名	項目の主な内容（例）
10	健康状態	利用者の健康状態に関する項目
11	ADL	起きあがり、歩行、入浴、排泄等の能力に関する項目
12	IADL	調理、掃除、買物、服薬状況等の能力に関する項目
13	認知	認知能力に関する項目

No.	標準項目名	項目の主な内容（例）
14	コミュニケーション能力	意思の伝達、視力、聴力等の コミュニケーション能力に関する項目
15	社会との関わり	社会的活動への参加意欲、 喪失感や孤独感等に関する項目
16	排尿・排便	排泄の頻度、おむつなどの使用状況の項目
17	じょく瘡・皮膚の問題	褥瘡や皮膚の清潔状況などの項目
18	口腔衛生	歯や口腔内の状態、衛生に関する項目
19	食事摂取	栄養、食事回数、水分量などに関する項目
20	問題行動	暴言暴行、徘徊などの行動に関する項目
21	介護力	介護者の有無や介護意思などに関する項目
22	居住環境	居住環境や住宅改修の必要性に関する項目
23	特別な状況	虐待や終末期ケアに関する項目

5．モニタリング表

　モニタリングとは、**計画の評価**のことをいいます。実際には、計画を管理する介護支援専門員（ケアマネジャー）が、**計画どおりにサービスは提供されているか、目標の達成状況、新たな課題**などをチェックし、変化があれば計画の変更を検討します。各介護計画書についても同様に計画の評価をします。

　モニタリング表としての様式は、他と同じように定まったものがありません。しかし、国から提示されている「課題整理総括表」と一緒に配布されている「評価表」は、ケアプランの第2表に記載された短期目標の達成状況と

19

その要因を**チーム全体で振り返る**際に利用されることを想定しているため、モニタリング表として使用できます。この評価表は、短期目標の達成状況を記号で示しているのが特徴です。記号は以下のとおりです。

記号	短期目標の達成状況
◎	短期目標は予想を上回って達成された
○	短期目標は達成された
△	期間延長を要するが、短期目標の達成見込みはある
×1	短期目標の達成は困難であり見直しを要する
×2	短期目標だけでなく長期目標の達成も困難であり見直しを要する

　つまり、モニタリングを記載する際は計画の方法だけ注目するのでなく、**アセスメント段階から評価する**ように記載することが重要です。ポイントは、以下のとおりです。

・目標の設定の仕方が、良かったのか悪かったのかを評価する
・良かった、悪かったに関わらず、その理由を考察する
・修正すべき点があれば、その部分を明確にする

6．フェイスシート

　フェイスシートとは、利用者の基本情報を1枚の用紙まとめ、言葉のとおりに、**読むことで利用者の顔が見える**ような情報が記載されているものを指します（**書式・記載例集⑦「フェイスシート」**参照）。また、介護記録でも**一番前に保管される**ため、顔となる部分でもあります。個人情報が多く基礎的な情報となるため、間違えることのないようによく確認しながら記載することが重要です。また、その保管には十分注意も必要です。記載される内容は、以下のとおりです。

①個人情報
　次ページの内容を記載します。

項目	内容
基本的な情報	氏名、住所、生年月日など
緊急連絡先	連絡先を2〜3つ、優先順位も記載 ※連絡先には住所や氏名、続柄などの記載も必要
かかりつけ医	主治医の連絡先
介護度	要介護1〜5、要支援1・2、非該当、 介護予防・生活支援サービス事業対象者のチェック
既往歴・現病歴	以前、治療していた病名や 現在治療中の病名を記載内服薬や軟膏名も記載

②家族構成と生活歴

　どのような人柄か背景を知るために記載します。とてもプライベートなことになるのでため、聞き取り方には注意が必要です。また、家族構成は、図になっているとわかりやすいため、**ジェノグラム（家族図、家族構成図、親族関係図）**で表すといいです。

❷ 障害分野の記録を理解しよう

　障害分野でも高齢分野と同様に、サービス提供時には計画等の記録物の作成が求められます。

1．サービス等利用計画
　障害支援区分の認定を受けた方を対象とするケアプランです。

★作成者　　　主に利用者から依頼を受けた相談支援専門員（特定相談支援事業者）

　　　　　　　※利用者や家族、支援者でもセルフケアプランを作成可能です。

★対象　　　　障害福祉サービスを受給されているすべての方

　　　　　　※介護保険制度のサービスを利用する場合については、障害
　　　　　　　福祉サービス固有の行動援護、同行援護、自立訓練（生活
　　　　　　　訓練）、就労移行支援、就労継続支援等で、市町村が必要
　　　　　　　と認める場合です。
★サービス　　在宅で支援を必要とする方を対象とした障害サービス全般
　　　　　　※大きく分けると「介護給付」「訓練等給付」「地域相談支援
　　　　　　　給付」の３種類があります。
　　　　　　　○介護給付……………居宅介護（ホームヘルプサービス）
　　　　　　　　　　　　　　　　　などを提供
　　　　　　　○訓練等給付……………機能訓練や生活訓練および就労移行
　　　　　　　　　　　　　　　　　支援などを提供
　　　　　　　○地域相談支援給付……地域移行支援や地域定着支援を提供

２．障害児支援利用計画

　18歳未満で心身の発達に遅れや障害のある方を対象とするケアプランです。
　指定障害児相談支援事業者が、サービス等の利用を希望する障害児の総合的な援助方針や解決すべき課題を踏まえ、最も適切なサービスの組み合わせについて検討し、作成します。サービス利用者を支援するための総合的な支援計画です。

★作成者　　　主に利用者から依頼を受けた指定を受けた相談支援専門員
　　　　　　　（障害児相談支援事業者）
　　　　　　※利用者や家族、支援者でもセルフケアプランを作成可能です。
★対象　　　　・身体障害者手帳、療育手帳、精神障害者保健福祉手帳の交
　　　　　　　　付を受けている方
　　　　　　　・医療機関で医師より療育の必要性があると判断されている方
　　　　　　　・発達相談センター等で継続して通所相談を受けている方
　　　　　　　　（未就学児の場合）
　　　　　　　・特別支援学校、特別支援学級、通級指導教室に通っている
　　　　　　　　方（小学生以上の場合）

★サービス　在宅で支援を必要とする障害児を対象とした児童通所支援（児童発達支援、医療型児童発達支援、放課後等デイサービス、保育所等訪問支援、居宅訪問型児童発達支援）や障害福祉サービス

3．障害児入所支援計画

　障害児入所施設を利用する障害児を対象とするケアプランです。

★作成者　　施設に勤務する児童発達支援管理責任者

★対象　　　施設に入所している身体に障害のある児童、知的障害のある児童、精神に障害のある児童（発達障害児を含む）

　　　　　　※医療型は、入所等する障害児のうち知的障害児、肢体不自由児、重症心身障害児が対象です。

　　　　　　※手帳の有無は問わず、児童相談所、市町村保健センター、医師等により療育の必要性が認められた児童も対象です（引き続き、入所支援を受けなければその福祉を損なうおそれがあると認めるときは、満20歳に達するまで利用することができます）。

★サービス　入所施設内での保護、日常生活の指導および独立自活に必要な知識や技能の付与

　　　　　　※「福祉型」と「医療型」で違いがあります。

　　　　　　〇福祉型……福祉サービスを提供

　　　　　　〇医療型……福祉サービスに併せて、治療を提供

4．個別支援計画

　障害福祉サービス事業所がサービスを提供するために必要な計画書です。書式については国が示していますが、高齢分野とは異なり、都道府県や市町村が独自の書式を作成していることがあります。

　内容の違いが大きいため、事業所のある行政機関に十分確認してから作成します。

★作成者　　　・18歳以上の障害者には主にサービス管理責任者
　　　　　　　・18歳未満の障害児には主に児童発達支援管理責任者
★対象　　　　障害福祉サービスを利用する身体に障害のある障害者・障害
　　　　　　　児、知的障害のある障害者・障害児、精神に障害のある障害
　　　　　　　者・障害児（発達障害も含む）
★サービス　　①在宅で支援を必要とする人を対象とした障害サービス全般
　　　　　　　※介護給付、訓練等給付、地域相談支援給付、障害児を対象
　　　　　　　　とした児童通所支援での支援があります。
　　　　　　　②入所施設支援

5．ケアプラン

　ケアプランの内容については、ケアマネジメントとしては高齢分野と同じ
であるため、内容にとのついては大きく変わりません。しかし、著者は、障
害分野は利用者の「希望する生活」への想いをどのように達成するのかとい
う点により重点が置かれていると感じます。以下、高齢分野との違いのある
項目を説明します。

（1）アセスメントシート

　高齢分野と若干の違いがあります。国の示す「障害者ケアガイドライン」
（平成14年3月31日）の「一次アセスメント票」にある9項目は、以下のと
おりです。

　1）氏名
　2）訪問年月日
　3）訪問者名・所属名
　4）本人の概要（生活歴、病歴・障害歴、医療機関利用状況）
　5）現在の生活状況の概要
　6）利用者の状況（生活基盤に関する領域、健康・身体に関する領域、コミュ
　　ニケーション・スキルに関する領域、社会生活技能に関する領域、社会参
　　加に関する領域、教育・就労に関する領域、家族支援に関する領域）
　7）本人の要望・希望するくらし

8）家族の要望・希望するくらし
9）関係職種から得た情報

（2）フェイスシート

　基本情報として、国の示す「障害者ケアガイドライン」（平成14年3月31日）の「相談受付票」にある11項目は、以下のとおりです。

1）相談日
2）受付 No.
3）利用者氏名
4）生年月日
5）現住所
6）現住所の電話番号
7）家族状況
8）相談内容
9）現在利用しているサービス
10）相談面接結果
11）相談者名等

❸ 高齢分野・障害分野共通の記録を理解しよう

　高齢分野と障害分野に共通する記録もあります。

1．サービス実施記録

　訪問介護事業所（ヘルパーステーション）において、訪問介護サービス提供時に訪問介護員（ヘルパー）の活動記録として記載します。これは、**介護報酬請求の根拠**となる介護記録の一つです。

　内容は、「訪問介護員（ヘルパー）名」「実施した日時」「予定変更の有無」「サービスの種類」「サービス提供前の状況」「実施した介助内容（身体介護、生活援助）」などです。買い物に同行または代行した際には、預かり金やおつり、内訳を記載することもあります。

記載方式は、ほとんどがチェック式になっており、文章を記録する部分は少ないことが多いです。最後に利用者印を受けます（**書式・記載例集⑧**「サービス実施記録」参照）。

2．ケア情報記録表

バイタルサインや食事量、排泄回数、水分摂取量など**数値化できるもの**が記載されている一覧表です（**書式・記載例集⑨**「ケア情報記録表」参照）。

この記録の名前は、施設ごとで違いがあり、「介護情報記録」や「支援業務記録」であったり、医療施設では「温度板」や「温度表」と呼ばれたりします。様式もさまざまです。この記録は、一覧できるため、利用者の体調面が経過を追って把握しやすく、微熱や便秘などの**変化に気づきやすい**のも特徴です。記録されている情報が<u>サービス内容の検討や変更をする際の根拠</u>となるため、記載漏れがないようにしましょう。

3．ケース記録

ケース記録は、「介護記録」や「介護日誌」と呼ばれることもあります。この記録も施設によって様式はさまざまです。

この記録は、日々の生活や介助や支援場面で観察された利用者の言動や行動から、「健康状態」「心理状態」、日常の生活動作の「食事状況」「排泄状況」、活動場面である「レクリエーションの参加状況」など、**利用者の生活をありのままに記載**されたものを指します。また、利用者に対して行った介護内容の詳細についても、その経過がわかるように記載します。**介護の実際が凝縮されたもの**であるため、**介護記録というと、このケース記録を指す**ことが多いです（**書式・記載例集⑩**「ケース記録」参照）。

4．業務日誌

業務日誌は、「管理日報」や「運営日誌」と呼ばれることがあります。この記録も施設によって様式はさまざまです。

内容としては、管理や運営するうえで、把握しておくべき事項として、従

業員の勤怠状況や現在の利用者数、入退所者数などを記載します。利用者については、体調の変化があった方の名前と内容、また、いつもとは違った言動や行動があり、観察を要する方の名前と内容などを簡単に記載します。わかりやすく記載することで、次の勤務帯の職員にも継続して観察できるようにします。また、家族や介護支援専門員（ケアマネジャー）から連絡や相談を受けた場合も、内容を次の勤務帯に申し送れるように記載し、**共有できる**ようにします（**書式・記載例集**⑪「通所介護業務日誌」参照）。

第3節
記録の目的

❶ チームでの情報共有のため

　利用者が一瞬見せた表情やぽそっと言った本音、家族が話してくれたことなど、もう二度と出会えないかもしれないことが、介護現場にはあります。そのとても細かい情報を記録に積み重ねることで、**チーム内での利用者への理解度**が増します。

　また、日々過ごされている姿を記録することで、いつもの利用者の姿が見え、理解できると、いつもとの違いに気づくこともできます。**異常の早期発見**にもつながり、利用者の生活の質が向上します。

❷ 適切な介護を行ったという「事実」を示すため

　多くの介護職は、介護保険法、障害者の日常生活及び社会生活を総合的に支援するための法律（障害者総合支援法）、医療法の中で仕事をしています。制度上、提供した介助内容の結果を**「事実」として記録し、証拠とする**ことで報酬を得ることができます。

　その介助内容は、立案された計画に沿って行われるものであり、**計画どおりに行われているか**を示すためにも、記録は必要となります。

❸ 振り返りと介護職の介助能力の向上のため

　介護は、1回の介助でうまくいくことはありません。また、うまくいった次の日にまったく同じ介助をしても、うまくいかないこともあります。体調

も感情も日々細かく違う状況に合わせるために、常に、トライとエラーを繰り返し、個々の利用者に合った方法を見つけ出すことが大事です。そのため、介助の記録に<u>どの点に注意して観察したか</u>まで記録があると、自分では気づかなかったことがわかり、次に関わる際の観察点や声のかけ方などの注意点も理解ができます。そして、介護職によっての方法の違いが少なくなり、介助・支援のばらつきも少なくなります。利用者の生活の質が良くなるだけでなく、介護職の介助・支援能力の向上にもつながります。

❹ 利用者家族との信頼関係を築くため

　記録は介護事業所や介護職だけのものでなく、特に日々の記録は利用者や家族のものでもあります。前回訪れたときに家族からのお願いを、記録によってチームで共有され対応ができれば、信頼感は増します。また、日々生活が事実どおりに記録されていれば、利用者や家族がその記録を読んだときも同様に信頼感は増します。

❺ 事故や訴訟など万一の事態に証拠として備えるため

　記録は、<u>自分を守るためのもの</u>にもなることを覚えておきましょう。事故や訴訟などの万一の事態が起きたとに、まず、確認されるものは記録です。介護現場では、当然、利用者の介助・支援が優先されます。また、生活を支える介護職には行うことが多くあり、多くの時間を要します。そのため、記録は大事なものだと理解していても、後回しになることが多いです。しかし、実際に行っていても記録に書いてなければ、事実として認定されません。<u>記録を後回しにせず、残しておく</u>ことの重要性を忘れないようにしてください。

第4節

介護計画（個別援助計画）の作成

❶ 介護計画（個別援助計画）作成の流れを知ろう

　介護計画（個別援助計画）は、介護職員も作成することがあるため、その流れを理解しておきましょう。介護記録は、この計画を作成する根拠になり、計画を実施した結果にもなり、計画を評価する際に使用されます。

　計画の作成の流れとしては、**アセスメント（情報収集、情報の分析・解釈）→計画立案→計画の実施→評価分析→再アセスメント**です。対象となる利用者がサービスを利用し続ける限り、この流れは繰り返されます。この思考（考え方）は、実際に介助するときも介護職の頭の中で繰り返されているため、介護職が専門的に考えていることという意味で、「介護過程」と呼ばれます。

　高齢や障害と分野が違っても、介護で計画というと、総じて「ケアプラン」と呼ばれることがあります。しかし、介護支援専門員や相談支援専門員が立案するケアプランと、介護職員が立案する介護計画（個別援助計画）は違うものです。その違いを理解しておくことで、介護職としてするべきことが見えます。

　この2つの計画作成する流れは同じですが、細かく見ると、どちらでも共有すべき点と、記載すべきことの違いがある点に気づきます。整理すると、次ページのとおりです。

共有すべき点	・利用者の困りごと、希望する生活、課題、ニーズ ・長期目標と短期目標
違いがある点 （サービス内容）	・ケアプラン：大まかな方針と介助や支援内容 ・介護計画（個別援助計画）：より具体的な介助や支援内容

　どちらも同じ利用者に向けて、作成するもののため、課題やニーズ、目標は共有し、同じ方向性で作ります。

　ケアプランは、医師や看護職、リハビリテーション専門職などといった他職種が、それぞれの専門的視点での計画を作成し、持ち寄り、利用者の意向に沿って調整する**ケアマネジメント**を行った結果です。

　介護計画（個別援助計画）は、**介護職がどのように介助や支援を行うか**までの方法を書き示すため、見てわかるような行動レベルで、より具体的な方法や必要な物品などが書かれているものになります。介護計画（個別援助計画）では、①妥当性（利用者の状況に適した介助や支援方法であるか）、②**目的**（なぜその介助や支援が必要か）、③**方法**（なぜその方法で介助や支援をするのか）といった介助や支援の方法の根拠を明らかにすることが重要です。そして、なぜそのような判断に至ったのかを**判断の根拠**として説明できるように、**頭の中で考えているプロセス（思考過程）を文字にする**ということが重要になります。

　このプロセス（思考過程）は介護職が専門的に使用すれば「介護過程」と呼ばれますが、私たちも日常の生活のなかで使っています。たとえば、目的地に向かう際、時間どおりに到着したいと思うと電車やバスの時間を調べます。それを実行してみて、早く着きすぎたとすれば、二度目に向かうときは、「今日は時間を遅らせて家を出よう」と時間を調整します。私たちは生活するなかで、特に意識をしなくても計画を立て、実行し、結果がどうであったかを見て、次に生かしているのです。それを介助や支援の場面でも行っていることに気づいて、言葉に換え記録にすることが大事です。

❷ 頭の中に隠された介護の専門的な考えを明らかにする

　実際の介助や支援は、場面ごとにいろいろな点を観察し考えながら、いくつもある選択肢から、そのとき、そのタイミングで「適切なものはこれだ」と判断し、選んで実行しています。その多くは意識的ではなく、経験が長くなればなるほど<u>無意識的に行っている</u>と思います。介護職は、介助や支援が必要なところに出会ったら、まず観察をして考えてという時間をとらず、まず手助けしています。

　この無意識的に行っている介助や支援場面の頭の中に、介護の専門的な考えが隠されているのです。だからこそ、無意識的で行っていることを、<u>意識的に読み解いていく</u>ことが大切なのです。どこを観察したことで、どのような情報を得て、それをどのように判断して、その介助や支援に至ったのかという、自分自身の頭の中で行われた思考過程（プロセス）を文字にすることが、専門職として重要であり、記録する意味となります。

　頭の中で行われている介護過程を文字にして明らかにすることを、<u>介護過程の展開</u>といいます。この文字にして、目に見えるようにすることは、一般的に、介助や支援が肉体労働のように見える介護の専門性が理解されやすくなります。介護職が行っていることの難しさや素晴らしさといった魅力が見え、<u>社会的な評価を得る</u>ためには必要なことなのです。

❸ 観察に介護の専門性がある

　介護の専門性を発揮しているところに、観察があります。ほとんどの介護職は無意識にですが、多くの点において観察をし、日々の生活やいつもとの違いをチェックし、変化を見出しています。たとえば、デイサービスのように通所介護や支援を利用されている方を迎えに行く際は、前回の送迎時との違いがないか比較し、利用者宅前から観察が始まっています。

　内容は、次ページのとおりです。

①自宅前の様子に違いはないか（落ち葉の散らかり具合など）

②自宅前に車を止めても、他の通行の妨げにならないか

③玄関から門までに、利用者が外に出る際に突然閉まるようなことはないか、転倒する原因となるようなものはないか

④インターホンを押したときの音や家族が反応するまでの時間に違いはないか

⑤玄関の明るさは靴を履くのに十分か

　観察をして違うがなければ、いつもどおりに挨拶をします。違いがあれば、「体調は悪くないですか」などと挨拶も声のかけ方も変わります。介護は肉体労働にも見られ、誰にでもできるとも思われることがありますが、**介護経験のない人にはできない観察**をしていることに、自信や誇りを感じてもらいたいと思います。それを文字にして、共有しないのはもったいないことです。この観察点は、次項のアセスメントの中の情報収集に入ります。

❹ アセスメントは大きく分けて2つで構成される

　アセスメントは、「情報収集」と「情報の分析・解釈」の2つで構成されます。2つに分ける理由は、情報収集は、**ありのままの事実**であり、情報の分析・解釈は、**介護職の自らの考え**となるからです。

❺ 会話から情報収集する

　情報収集は、利用者から単に聞き取るといった情報の一方通行のものではありません。「会話は言葉のキャッチボール」というように、情報を得るためには、以下のとおり、利用者と介護職が双方向に影響し合います。

・介護職が利用者から情報収集する（利用者→介護職）

・介護職から利用者へ情報提供する（介護職→利用者）

　情報収集は、これらが行われて初めて成立するものです。情報を双方向に

やりとりできると、以下の効果があります。

---

①利用者が置かれている状況や困りごと、望む生活に対して、情報をやりとりすることにより、介護職が知らない情報を得られ、把握して情報を確認することができます。これは家族とも同じことがいえます。

②利用者の想いを確認しながら、会話の中で選択肢を提案することで、利用者自身の意思として「自己選択」や「自己決定」を促しやすくなります。

③上記①②により、利用者自らの意思がきちんと計画に反映されることで、自分に必要な計画と理解されやすく、目標に向けて利用者に協力を得やすくなります。

　情報収集での記録として大事なところは、**知り得たすべての情報を、事実のみありのままに書き込む**ということです。そのため、利用者との会話はできるだけ略することなく、やりとりをそのまま記載するようにしましょう。

❻ 収集した情報を「分析・解釈」する

　情報収集で得た情報の意味することを、分析・解釈します。まず、情報収集で得た記録を目にする前の心構えとして、以下を理解したうえで、記録を読み進めるようにしましょう。

①情報を自らの考えを入れず、なるべく客観的に捉える

②専門職としての知識や技術が大きく影響するものである

③介護職自身の価値観が影響するものである

　なお、情報の分析・解釈を進める際に注意する点は、以下のとおりです。

①利用者の全体像を捉えておく

②部分的や断片的な情報による偏（かたよ）りが生まれないように注意する

③情報に対し「なぜ？」という視点で分析・解釈する（不足している情報に気づく可能性がある）

④介護に関する専門的知識が分析・解釈の幅と広さを左右する

　情報を読み進める際と同じように、解釈・分析する介護職によって、情報自体の扱われ方が変わる可能性があり、唯一の正解はありません。そのため、情報を一緒に働く多くの介護職と共有し、<u>さまざまな視点による気づきや価値観</u>から、分析や解釈を進める必要があります。

　また、同じ介護職ではなく、看護職やリハビリテーションの専門職などの他職種から意見を聞くことも重要です。

　専門的な知識や技術という点では、特に病気（疾患）についての理解に職員間で差が出ることがあります。病気（疾患）は、<u>①原因、②症状、③診断方法、④治療方法、⑤病気になったあとの予後（再発率や平均余命など）、⑥病気の予防方法</u>の6点で理解するようにしましょう。

　これは、日々の介助や支援場面にも生かされます。①の原因がわかれば予防できることがわかります。また、②の症状がわかれば、利用者のいつもとの変化に「もしかしたら、あの病気の症状かも」と予測が立ち、いち早く医療職への報告など対応することが可能になります。また、③の診断方法や④の治療方法がわかれば、病気（疾患）の可能性を調べるためには、病院に行く必要があるかどうかを想像できます。救急に対応が必要であれば、救急車を呼ぶべきかと、医療職に報告する際も判断を仰ぐべき点が明確になります。⑤の病気になったあとの予後がわかれば、家族への説明や今後の生活方法について、どのようにするべきかを一緒に検討することができます。

　このように情報の解釈・分析をするうえでは、「だいたいこんなことだった」や「経験から言うと」では、利用者の命に関わることもあり、曖昧な知識は使い物にはなりません。また、その解釈・分析によって書かれた記録から計画が立案され、その計画で利用者の生活や人生を左右される可能性があるため、自らの知識を記載するかは慎重に判断しなければなりません。

❼ 利用者のニーズを把握し課題を見出す

　情報の収集や分析が終わったら、利用者の「ニーズ」を把握し、「課題」を明確化します。ニーズとは、日本語にすると「必要」です。

使用する「情報収集用紙」によって、「ニーズ」「解決すべき課題」「問題」など、さまざまな言葉が使われています。

ニーズと「要望」「欲求」との違いについて、明確に区別されることは少なく、同じように使われます。重要なのは、**要望や欲求の場合、そのように感じているのは利用者**であるということです。

ニーズは、以下の2つの視点から捉える必要があります。

---

①利用者の現実（客観的な情報）

　専門家から見た客観的な情報からニーズを判断します。

②利用者の要望・欲求

　利用者からの言動や行動から、利用者が今、何を望んでいるかを判断します。

この2点でニーズを捉えた際に、以下のような点に注意が必要です。

①利用者の現実（客観的な情報）の視点のみにならない

　的確なものでも、利用者側からすると「粗探し」をされているような不愉快な感じを抱くことになります。「これがあなたの課題です」と、一方的に突きつけているような印象を与えます。

②利用者の要望・欲求の視点のみにならない

　利用者の「言うまま」となり、言葉で表現したことのみの関わりになる恐れがあります。

　介護職はアセスメントから得た客観的情報を理解しつつ、利用者の要望や欲求を組み入れ、バランスを取ってニーズとして捉える必要があります。

　たとえば、1時間に10回トイレに行って排尿もない利用者が、目の前で、再度「トイレに行きたい」と希望したとします。表されたニーズだけを満たせば、「トイレに行きましょう」と対応することになります。しかし、「なぜ排尿もないのに、こんなに短時間でトイレに行くのか、ほかに理由はあるのか」と客観的情報と組み合わせてみて、「もしかしたら、下着を汚すのが嫌

なのではないのか」と介護職の捉え方が変わります。すると、利用者への声のかけ方も変わり、利用者から「そうなんです」と答えがあったら、ニーズは「トイレに行きたい」ではなく、「下着を汚したくない」と変わるのです。

ただ表現された言葉だけを捉えるのではなく、ほかに可能性はないのかと一度考えてみることは、ニーズを考える際にはとても重要です。

❽ 目標を理解できれば介助内容もわかる

ニーズを満たすために計画を立案します。計画の内容は「長期目標」「短期目標」「期間」「具体的方法」「実施者」で構成されます。ここで、目的と目標の違いを改めて理解しておきましょう。

目的	・それによって実現しようとしていることの意義や意味を示すもの ・実現しようとしていることの方向性を示すもの
目標	・目的が示す方向での具体的な1点、具体像 ・個々の利用者に即した、極めて個別的なもの ・個別的で具体的なもの ・目の前の問題解決に留まらず、将来を見通したもの ・予後予測に基づく実現可能なもの

目標には、以下のとおり、「長期目標」と「短期目標」があります。

長期目標	・おおむね3か月〜1年くらいの目標 ・介護の方向性や利用者の望ましい生活状況の方向性 ・短期目標が達成されることで、長期目標に近づく
短期目標	・数日〜3か月くらいの目標 ・長期目標に比べより具体的で身近な表現にする

目標は利用者のものであり、その対象者だけのものです。目標を読んだときに、利用者の顔や人柄が浮かび、どのような人か想像できるような言葉になっているか、チェックするようにしましょう。

❾ 目標を達成するための具体的な方法

　具体的な方法には、以下のような種別が書いてあると、実施した際の記録がしやすくなります。

①自立支援

　介助や支援の方法（手順）が具体的に示されている手順書のようなものです。何のために、いつ、どこで、何を、どのように、誰がなどを具体的に示し、誰が見ても同じことができるように記載します。

②観察

　水分量や排尿量、食事量のように「○○ ml」「○割」などで表せるものや、バイタルサインのように回数など数値化できるものを記載します。

③継続

　病気や状態によって、今後内服し続ける薬や塗り続ける軟膏のような医療的なことや、洗濯や食事といった生活するうえで終わることのない活動を記載します。

④提案

　利用者の経済状況も含めて総合的に判断して、家族や利用者に提案をして実施となったものを記載します。極めて個別性が高く、例としては「何年も行っていないなじみの寿司屋に車椅子で行く」などがあります。

　上記①〜④のどの方法おいても、以下の2点は必ず注意します。
・安全性について、危険性と予防策を具体的に示すこと
・利用者や家族の納得の得られる方法であること

第1節

記録の文体

❶ 記録の文体（過去形・現在形）を知ろう

　介護記録は、リアルタイムに現在形で書き留めたいところですが、介助中にその状況を書くことはできません。そのため、一般的には過去形（～していた）での文章になります。しかし、現在形を使い記入してもいい部分があります。それは、**利用者が発した言葉や現在も観察が継続されている場合**などは、現在形（～している）での文章になります。介護が必要な方を対応していると、多くは経過観察を必要とするため、現在形を使い記載しています。過去形と現在形の使い方を理解し、使い分けられると、文章の中での**時間経過がわかりやすくなり**、読み手にも理解されやすく、情報の共有が進みます。

❷ 記録の文体（敬語・敬称）を知ろう

（1）呼び方と敬語

　以前から介護の世界では「利用者や家族が一番呼んでもらいたい名前で呼ぶべきだ」「利用者は名字で呼ぶべきだ」という答えの出ない論争があります。前者は、認知症の方であれば、結婚後の名字で呼ばれても理解できず、旧姓や名前で呼んだ方が意思疎通を図りやすいという、専門的なアセスメントのうえで主張されています。また、後者は、一人の人として尊厳を大事にすることや、事業所として利用者はお客さまでもあるため、敬意を払い名字で呼ぶべきと主張されています。しかし、状況によってどちらがいいのかは、一概に判断できません。

　記録は希望があれば開示をしなければなりません。そのため、利用者や家

族を敬う気持ちから敬語を使うことが正しいと思っている人もいるかもしれません。しかし、書き手が尊敬語や謙譲語も正しく使え、読み手もその意味を正確に理解できるといった状況でないと、文章から情報はきちんと伝わりません。書き手も読み手も**使い慣れている言葉で書く**ことで、誤解や混乱を招くことを少なくできます。**正しく相手に伝わる**ことを大事にすると考えると、敬語を使う必要はありません。

（2）敬称

利用者の敬称についても、敬語と同じ理由から、記録上は「～さん」でいいとされています。ただし、事業所によっては、記録上で「～様」や「～氏」と記載する**ルールが統一されている**場合もあるため、その際は各事業所で定めている書き方に従いましょう。また、**同姓同名の場合**でも、間違いがないようにどのように表記するかルールが定められていることがあります。各事業所のルールを理解して記録するようにしましょう。

第2節

記録の表記

❶ 時刻の表記方法を知ろう

　介護現場、医療現場では、時刻は24時間で表記されることが多いです。午後3時ではなく、15時と表記されます。これは記録を遡って時間経過を確認するときに、「午前」と「午後」という単語が入ると、見落として読み間違えを起こすことがあるからです。体調の急変時や薬の内服時間など、身体や生命に関係することの時間を読み間違えてしまうと、利用者に多大な影響を与えることがあります。そのようなことがないように、ひと目見ただけでわかり読み間違えの少ない24時間で表記されるのです。

　記載の仕方は、「時：分」と真ん中に：（コロン）を書き時間を表記します。<u>文章の見出し</u>に書くこともあれば、<u>文中</u>に書くこともあります。

❷ 介護などに関する用語（専門用語）による 記載に注意する

　介護現場ではさまざまな専門用語が飛び交います。その言葉は介護独自のものもあれば、医療用語のものあります。経験年数が浅いうちは外国語に聞こえ、最初は聞き取ることも難しいです。そして、実際に記録上にも使われますが、その言葉の意味が<u>チームの中で理解できる状況</u>でなければ使用はできません。そのため、個人が本やインターネットから得た専門用語を使っていいわけではないのです。勉強会を開いてチームで理解ができる状況や、使い方を間違えないように指導できる状況があって、初めて使用できます。間違えたまま使って、誤った情報で何か起きた場合、自らに責任が生じるため、

意味や使い方がわからないうちは使用しないようにしましょう。

❸ 略語による記載に注意する

　介護現場では、介護職同士が話す際に、簡単に情報を共有するために略して使われる略語があります。その略語がそのまま記録に記載されている状況がありますが、記録のルールとしては間違えていることが多いです。これは、ある一定の仲間だけでその言葉が通用しても、その他の人には理解されないからです。

　略語を記録で使うためにはルールがあります。そのルールとは、使いたい略語とその略語が示す意味が記載された略語集を作り、常に提示できるように冊子やプリントにし、**誰でもその略語集を読めば理解できる**状況をつくることです。これは職員もそうですが、記録を読んだ利用者や家族に伝わらない記録ではならないからです。そのため、決められた略語以外は使ってはいけないと禁止している事業所もあります。普段から極力、略語は使わず、<u>正しい表記で記録</u>ができるようにしましょう。

　よく間違えて使われる略語としては、以下の4つがあります。

①認知

　認知症を表現するときに使われることがあります。記録や会話の中で、認知症の方のことを「認知がある」と指し示すときに使われますが、認知は本来、**「認知機能」**や**「認知能力」**を表現する言葉です。そのため、「認知がある」と使うと、何かに気づいたり理解したりする能力「認知機能がある」となり、私たちも「認知がある」となります。本来の言葉の意味も違い、使い方自体も間違えています。

②特変なし

　特にいつもとは変わった様子がないときに使用されることがあります。記録上では、夜間寝ている部屋に伺ったときなどに、寝ている姿が変わらない

ため、「特変なく過ごす」と使われます。一般的には使われない言葉で、使いたいのであれば、きちんと略語集に意味と一緒に記載する必要があります。

③体交

「体位交換」の略ですが、介護福祉士の専門学校で使用されるテキストでも現在は使われていません。褥瘡予防のための寝返り介助での体位を変えるという意味であるため、「体位変換」と改められています。今は使われていない言葉のため、略語として略語集に載せるのであれば、「体変」となるのかもしれません。しかし、著者は数多く介護記録を見ていますが、使用されているものを見たことはありません。

④トランス

「トランスファー」の略ですが、「移乗介助」のことを示して使われます。記録の中では、「ベッドから車椅子にトランス（介助）した」と使われます。トランスファーは、一般的に、「移行」「移転」「転移」という意味ですが、乗り物の乗り継ぎや乗り換えにも使われるため、移乗介助のことを「トランスファー介助」と呼んだという経過があります。トランスとは使わず「移乗介助した」と記載するようにしましょう。

❹ アルファベットや記号による記載に注意する

　家族が読んでもわからない言葉は、連絡帳など家族とやりとりする記録物には適しません。また、介護職間でも理解できないことがあるため、使用は控えたほうがいいです。

　職種を表すときにアルファベットの略語を使用することがあります。家族でも、「Ns」はナースや看護師、「Dr」はドクターや医師とわかるでしょう。しかし、「MSW」はメディカルソーシャルワーカーで、病院などの医療機関で相談援助を担当している職種のことを示しますが、介護職でもわからないことがあります。

バイタルサインを表すのに、「kt」は体温、「BP」は血圧、「P」は脈拍など、医療機関では普通に使われている略語ですが、**一般的に意味が通じない**表記は使用しないほうがいいです。

　排尿や排便の有無や痛みを「排尿（＋）」「排便（−）」「痛み（＋）」といったように表すことがありますが、単純に、「排尿あり」「排便なし」「痛みあり」と書いたほうがわかりやすいです。

❺ 表記の間違いに注意する

　「ベット」ではなく「ベッド」、「尿取りパット」ではなく「尿取りパッド」、ベッドの頭側の高さを上げる「ギャッジアップ」ではなく「ギャッチアップ」などの間違いがあります。使用する言葉には注意して、正確な言葉で表記しましょう。

第 3 節

記録の訂正・追記

❶ 記録用紙の訂正と空欄の記載方法を知ろう

　記録をする際は、誤字や脱字がないように注意して記載しましょう。経験年数が浅いうちは、言葉や漢字を間違えて記載してしまいます。法的に保存期間が定められている記録でも訂正はできますが、**書き直しはできません。**これは改ざんを防止するためであり、記載する際もボールペンのような簡単に消せない筆記用具の使用を求められています。また、訂正する際は、修正液や修正テープで間違えたところを覆うのでなく、**二重線を引き、そこに訂正印またはサイン**をします。

　空欄については、**「〆」を記入したり斜線を引いたりして、**そこに記録者のサイン、日付、時間を記載します。

　訂正や余白については、事業所ごとに個別の書類管理でのルールがあるため、それに従ってください。

　また、現在は、介護記録も記録ソフトを使用して記載していることがあります。多くの記録ソフトは、いつ書き直したのかが画面上ではわからなくても、**ログとしてデータ上に記録**されています。誰がその記録にアクセスをして、いつ書き換えたのか特定できるようになっていると理解したうえで、訂正や修正をしましょう。

❷ 記録の追記方法を知ろう

　あとから記録を書く「追記」については、各事業所によってルールが違います。しかし、共通する点としては、記載した日付と時間を最初に記載しま

す。次に、文章の最初にいつの出来事かわかるように、その出来事があった**日付と時間を記載し、内容をそのあとに続けて記載**します。事業所によっては、追記がわかるようにまず「追記」と書いてから始めるところもあります。

　また、記録ソフトで追記する際は、データ上、基本は入力された日付で残るように並べ替えられるため、見た目にはあとから書いたようには見えないことが多いです。しかし、訂正や修正と同様に、いつ入力されたものかはログとしてデータに残っています。

第1節
記録する際の要点

❶ 記録を書く意味を知ろう

　介護記録は、介護職だけではなく、関係機関の職員や介護支援専門員（ケアマネジャー）、相談支援専門員、利用者とその家族など、さまざまな人の目に触れます。

　介護記録を初めて書くときは、何を書けばいいのかと悩みます。そのため、**まず書いてみる**ということが大事です。次に大事なことは、**必要な情報を正確に書く**こととなりますが、自分ではきちんと正確に書いたつもりでも、情報が伝わらなければ、書いた記録も生かされず、意味がありません。

　また、記録を書く時間を取るために、業務中の空き時間を作り出すのにさまざまな調整をし、さらにどのような言葉で表現するのかを考えて書いた努力も報われません。そのため、提供した介護サービスを並べて「書けた」で留まるのではなく、「わかった」「伝わった」となるような記録が書けるようにしましょう。

❷ わかりやすく伝わりやすい記録を書こう

　具体的には、以下のようなポイントを理解して記録を書くと、わかりやすく伝わりやすい記録が書けるようになります。

①曖昧な表現はしない

②体の部位の名称はわかりやすく書く

③数値や回数は具体的に書く

④読む側の立場になって書く

⑤専門用語は適切に使う

⑥時間経過を書く（介助・支援前、介助・支援中、介助・支援後）

⑦自分が見たことや聞いたことをありのまま記載する

⑧表現を工夫する

⑨介護を論理的に書く

　書き始めた最初のころは、「書けた」自らの記録がこのポイントを網羅できているか、書き終えたあと読み直してチェックしてみるといいでしょう。

第2節

記録の書き方の基本的事項

❶ 筆記に際しての原則を知ろう

　<u>客観的な事実を正確にありのまま記載</u>するのが、介護記録の原則となります。そこで、自分が収集できた情報を「主観的情報」と「客観的情報」とに分けられるように、違いをきちんと理解しましょう。

　主観的情報と客観的情報には、具体的には、以下のようなことがあげられます。

主観的情報	・利用者のものの見方、感情、考え方、期待など ・利用者の言葉、表現したことなど
客観的情報	・他人が直接的に観察することができるもの ・観察によって客観的に把握できること ・検査・測定によって、数値として表されるもの

❷ 客観的情報を記載する際には注意しよう

　自分では客観的情報だと思っていることが、実は自らが感じ取ったことに基づいて、自分の価値観で判断した主観的事実だということがあります。自らの価値観のため、**自分勝手な判断**になってしまうことがあり、その記録を読んだ介護職の理解を歪ませることになりかねません。

　歪んだ情報で不利益を受けるのは、利用者です。そのため、自分のものの見方や感じ方は、**主観が多く入り**、客観的情報とはいえないことがあり、注意が必要です。ただし、介助・支援中に気づいた点やどのように対応すべき

49

か感じた点などは、書いてはいけないわけではありません。

　注意点を理解したうえで、書いておく必要があると判断した際は、まず、客観的な事実として次項で述べる**5W1Hを用いてありのまま**に書き、そのあと、自ら判断したことを、その文章とは別に**1文付け加える**ようにして書きましょう。そのようにすると、対応した職員の**個人的な判断の情報**だと読み手も理解しやすく、伝えたい情報が正確に伝わります。

❸ 5W1Hを活用しよう

　介護記録に何から書いたらいいのかわからないときは、5W1Hの流れに沿って書き始めるといいです。

　「5W1H」とは、①いつ（When）、②どこで（Where）、③誰が（Who）、④なぜ（Why）、⑤何を（What）、⑥どのように（How）という6つの要素の英語の頭文字を表したものです。

　この要素は必要な情報を伝達するときのポイントとなります。

　文章だけでなく、日常的に**口頭で行う報告や連絡、相談のときにも意識的に使う**と、相手にも伝わりやすくなります。日常の話をする際から習慣化しておくと、頭の中を整理しやすく、順序立てて説明もでき、記録を書くときにも習慣になります。

　また、6つのポイントを習得すると、順序立てて考えていく途中で、**足りていない情報にも気づく**ことができ、自分の観察点が不足していたと、自らの介助や支援を振り返ることにつながります。実際の介助や支援場面での観察点を増やし、より細やかな配慮ができ、**丁寧なサービスを提供する**ことにつながります。他職員の記録を読むときも同じように、足りない観察点や情報にも気がつくことができるようになります。

　この6つのポイントを具体的な内容にして文章に書くことになります。ただ、すべてのポイントを1文の中に表そうとすると、長くなりすぎるため、すべて入れ込む必要はありません。

　具体的にどのような内容かというと、次ページのとおりです。

①いつ（When）

　日付や時間だけではなく、記録する場面の**前後の状況**がわかるように記載します。

②どこで（Where）

　「自宅で」ではなく、「自宅のリビングで」でもなく、「自宅のリビングのテレビの前で」のように、**より具体的**に記載します。どこで起きたことなのかイメージしやすくなります。

③誰が（Who）

　介助や支援場面では、利用者と介護職の関りがあり、記録の登場人物は2名以上になることが多いです。そのため、「利用者が」「私（介護職）が」と、**誰が誰と行ったことか**わかりやすく記載します。多数の記録で、主語がない文章が多く見られるため、より注意して書くようにしましょう。

④なぜ（Why）

　「外出するのに、薄着で寒いため」「トイレに行きたいと希望があったため」「家族の希望により」と、「〜するため」「〜により」など、⑤の何をにつながる、**なぜそのような対応をしたのか**理由を記載します。明確な理由はわからずに、介護職の推測を記載する際は、何から推測したのかの根拠と、推測であることを記載するようにします。

⑤何を（What）

　「上着の袖を通すのを介助した」「車椅子からトイレへの移乗介助をした」などの具体的な介助や支援内容を記載します。また、「自ら立ち上がり歩いた」「スプーンを口に運び食べ始めた」のような動作、利用者から発せられた言葉や見られた変化など、**ありのままに事実を**記載します。

⑥どのように（How）

　入浴時の状況を記載する場合は、「入浴した」ではなく、「自ら服を脱ぎ、シャワーで頭を洗い、その後タオルで身体を洗って泡を流し、縦の手すりを使い浴槽に浸かった」と記載します。<u>一連の動作</u>がわかるようにします。

❹ すばやく正確な記録をしよう

　記録を書く時間を短縮したいと思ったら<u>メモ帳を活用</u>します。すぐに書けるようにメモ帳を持ち歩き、介助や支援場面の内容や時刻を書き留めておきましょう。業務中に記録が書ける時間は限られていることがあり、まとめて数人分、介助や支援の数回分を一度に記録しなければなりません。

　特に新人のときは、初めて会う利用者がいて、初めて見る介助や支援方法があります。さらに、利用者に直接関係のない、物品の場所や管理方法といった間接業務について先輩職員から説明や指導を受けるなど、業務中の情報量は膨大です。そのすべてを頭の中だけで整理し、記憶だけを頼り、ありのままに事実を正確に記録することはとても難しいことです。

　メモ帳に、箇条書きでもキーワードだけでも、簡単なもので十分のため、自らの記憶を呼び覚ませるように、<u>自分に向けたヒント</u>を書いておくようにしましょう。メモ帳が記憶を補ってくれます。

　記録の書き始めのころは、「この間はうまく表現できたけれど、今の場面はどのように書いたらいいかわからない」ということがあります。うまく表現できた記録を探して内容を確認することも一つの方法ですが、それでは時間がかかります。そのようなときにも、メモ帳を活用することで時間を短縮できます。

　また、メモ帳を書きためておいて読み返してみると、書いたことが例文のような<u>定型文</u>になっていることに気づきます。この基本となるような定型文をメモ帳の中でわかりやすくしておくと、違う介助や支援場面をその定型文に当てはめて、<u>状況が違う部分を変えるだけで記録できる</u>といったように、活用することもできます。

記録の中にあったわかりやすい先輩職員の文章を、定型文と同じようにメモ帳に残すこともいいでしょう。

❺ 記録者には責任があることを知ろう

最近、重大事件の判決に関連する公文書等（国の行政文書等）が破棄され、文章管理について問題となり、どのように管理をすればいいのか、専門家の検討が始まっています。判決であれば、結果はわかっているのに、なぜここまで問題になるのかというと、理由は以下のとおりです。

〈原因〉

　話し合いの過程や、どのような情報が判断の決め手となったのか、そして、結果にどのように結びついたのかのすべての経過が記録として残されていない。

↓

〈結果〉

　どういった情報が、どのように分析されたのか、同じような問題が起きた際に参考にできない。また、時間が経過したあとに再度その原因を究明や検証を行おうとしても、できなくなってしまう。

介護記録は**保管の義務**があり、理由は先に述べた公文書の問題と同様です。そのため、記録者には責任があり、**文末に氏名を記載する**必要があります。氏名が記載されていれば、誤字や不備、理解しにくい内容があった際に誰に確認すればよいのかがわかり、対応もスムーズです。また、事故が起こった際の責任の所在や、今後の対応を検討する際にも必要となります。

介護のように人の命に関わることを仕事とする場合には、多くの記録を必要とし、記録には正確さが問われます。介護は保険事業となり、税金も使われているため、責任があります。記録者は記録した際、忘れずに自らの氏名を書き入れるようにしましょう。

❻ 介護記録への記載内容を理解しよう

　介護職は、介助や支援をしながら情報を集め、困りごとの原因を分析して、その困りごとが解消できるように対応しています。これを毎回介助や支援の中で、一連の流れの一部として行っています。したがって、介助や支援の中では、介護職**自らの行動**を**論理的に考える**必要があります。この論理的な考え方を学ぶ際に、例としてよく使われる「風が吹けば桶屋が儲かる」という言葉の説明があります。この説明の流れを書くと、以下のとおりです。

①春風が吹く→②土ぼこりが立つ→③目に入る→④目を悪くして、盲人が増える→⑤盲人は三味線で生計を立てようとする→⑥三味線の胴を張る猫の皮の需要が増える→⑦猫が捕られて減る→⑧ねずみが増える→⑨ねずみが桶をかじる→⑩桶の需要が増えてよく売れる→⑪桶屋が喜ぶ

　「風が吹けば桶屋が儲かる」という論理です。流れを一つ一つ書き出してみると、「土ぼこりが立つ→目に入る→目を悪くして、盲人が増える」のつながりや、「盲人は三味線で生計を立てようとする」には、「それは本当か？」と疑問符が付きます。ことわざのため、この言葉の使われ方や意味を知っていれば問題はないのですが、一連の流れを**書き出してみると、おかしな点に気づく**部分が出てくるのです。実際の場面でも、書き出さないから気づかないことや、書き出してみたらわかったということがあるのです。

　介助や支援は自分の家族や自分自身が必要になった際に、その問題が自分ごととなり初めて知ろうとします。そのため、関係のない人はなかなか考えず、知ろうとされないことが多いのも事実です。また、相手の知ろうとする意欲以外にも、介助や支援場面は見る機会が少ないということも影響しています。

　より自分たちの介助や支援の価値を知ってもらうためにも、一連の流れがわかるように記録しましょう。①利用者の状況→②今ある生活での困りごと→③困っている現状は何かの情報→④原因の分析→④理想としている生活に近づけるための方法というような流れで書いてみると、簡潔であっても、理解されやすい記録になります。

第 3 節

記録する際の注意点

❶ 表情や感情の表現に注意しよう

　介護記録の中で、一番気をつけなければいけないのが、利用者の表情や感情を表現するときです。介護職は言動や行動から利用者の感情を読み取ろうとします。その観察行動には間違いはありません。ただし、感情の表現は<u>観察者それぞれで表現に違いがあります</u>。

　まったく笑わない利用者でも、長く時間を過ごした家族に聞くと、「笑いも怒りもせず、何も話さないときは居心地がいいんだという証拠です」と答えられることがあります。このことを知らない介護職が、利用者がまったく笑わない場面を見たときに「つまらなさそうにしている」と観察した結果を記録に表現すると、その時点から「あの利用者はここにいてもつまらないんだ」と他の職員が認識する可能性があります。すると、その後の記録には、現状を変えなければならないと考え、「なるべく楽しく過ごせるように対応を検討する」と対応策が記載されることもあります。

　しかし、家族の話を参考にすると、この観察した記録は事実ではありません。また、同じ状況を見ていた職員が「つまらなそう」ではなく、「何か考え込んでいる様子」とだけ表現すると、対応はさらに変わってきます。

　観察者が表現することによって、対応が変化することがないように、介護記録では「〜そう」「〜そうな様子」といった**観察者の主観による判断**での記録はしないようにしましょう。感情や表現を記載したいと思うのであれば、今が楽しいのか、つまらないのか、<u>直接利用者に聞いてみましょう</u>。質問により引き出された発言が主観的な情報となり、それが感情を判断したことの根拠となります。その発言をまず記載してから、自分なりに感情を表し

た「微笑んだ」「眉間にしわが寄った」等の表現で記載します。

　ただし、質問により引き出した発言が、質問者への配慮で発せられた言葉かもしれないと、常に<u>利用者の本心はどこにあるのか</u>を考え続けられることは、専門職として優れた介護職には大切なことです。

❷ 身体の部位は正確に表記しよう

　介護現場では、利用者の異常や痛みなどを記録に書くことや、誰かに伝えなくてはならないことがあります。また、医療機関に受診すると、たとえば「軟膏薬はどこにいつ塗るのか」という指示が、正式な名称で書かれています。介護職間での情報のやりとりの際も、他職種との情報のやりとりの際も、正確に伝えるためには、身体各部の名称を覚えることは非常に重要です。

　しかし、この正式名称を記録すればいいということではありません。介護記録は、利用者や家族に開示することもあるため、介護職は身体の部位や骨の<u>正式な名称を覚え、それをできる限りわかりやすく記録する</u>必要があります。

❸ 身体の部位の名称を覚えよう

　身体は外見上、頭部、頸部（けいぶ）、体幹（胸部、腹部、背部、腰部）、体肢（上肢、下肢）の4部に分けられます。介護現場でよく使われる身体の部位や骨の名称を、以下にあげます。

（1）介護現場でよく使われる身体の部位
①頭部（前頭部、側頭部、頭頂部、後頭部）
　顔では、おでこを前額部、鼻の穴の空洞を鼻腔（びくう）、唇を口唇（こうしん）、まぶたを眼瞼（がんけん）と呼びます。目の周囲では、目尻、目頭があります。

②頸部

　首のことを頸部と呼びます。胸側を前頸部、背中側を後頸部と呼びます。

③体幹（胸部、腹部、背部、腰部）

　よく使われるのが、腹部の各所を示す上腹部、下腹部、側腹部です。また、皮膚トラブルを起こしやすいところである脇の下を腋窩や腋下と呼び、股関節のあたりを鼠径部、陰部と呼びます。おしりのところは、臀部と呼びます。

④体肢（上肢、下肢）

　上肢は腕のことで、肘から上を上腕、肘から下を前腕と呼びます。また、手の甲を手背と呼びます。下肢は足のことで、膝から上を大腿部、膝から下を下腿部と呼びます。大腿部の外側には少し筋肉が盛り上がったところがあり、それを大転子部と呼びます。また、足の甲は足背と呼びます。

（2）介護現場でよく使われる骨
①上肢の骨（鎖骨、肩甲骨、上腕骨、橈骨、尺骨）

　鎖骨は、肩甲骨を介して腕を身体につなぎ止める役目をしています。肩甲骨は、体幹と上肢をつないでいます。上肢の上げ下げや回す運動に連動して自在に動きます。上腕骨は、身体側が肩甲骨につながり、手側が橈骨・尺骨との間で肘関節を作っています。橈骨と尺骨は、肘から手首までの前腕にある2本の骨です。手首のところにある橈骨動脈や尺骨動脈で脈を測ります。

②下肢の骨（大腿骨、脛骨、腓骨）

　大腿骨は、転倒した際に骨折することが多いです。また、脛骨と腓骨は、脛にある2本の骨です。

③骨盤の骨（腸骨、仙骨、尾骨、坐骨、恥骨）

　腸骨は、腰骨とも呼ばれます。臀部にある仙骨や尾骨と合わせて褥瘡になりやすい部分といわれてます。仙骨は、背骨の付け根で、上半身の土台とし

ての役割と、負荷を両足に分散する役割があります。尾骨は、仙骨の下端にあります。移動の際にバランスを取る役割があるといわれています。坐骨は、骨盤の一番下に位置し、座る際に坐骨が座面に2点で接し、上半身を支えています。恥骨は、他の骨盤帯とともに腸などの内臓を保護し、股関節と連動しています。

❹ 数値や回数を具体的に書こう

　わかりやすい記録を書くには、時間や回数、量を表す表現には「だいぶ前から」「大量に」「少ない」といった曖昧なもの避け、具体的に数値で表すようにします。どの表現も観察した介護者の主観によるものが多く、人によっては「たくさん」と感じるものも、ほかの人が見れば「少ない」と感じることもあります。これは、介護職個人の価値観や経験の影響を受けているため、使用は**意識的に避けます**。

　たとえば、食事量であれば、「ほとんど食べた」ではなく、「○割食べた」と記載するとわかりやすいです。排泄場面においては、「夜間のトイレ回数が多かった」ではなく、「夜間のトイレ回数は○○回」といったように記載します。排便の量に関しては、施設ごとで、「卵1個分またはバナナ1本が普通、それを超えると多い」など、量の目安を決めていることがあります。

　また、排便の状態の状態を判別するブリストルスケールを使っている場合は、観察して一番近い数字（Type1→1）を記載することがあります（次ページ表参照）。

●表　ブリストルスケール

コロコロ便 (Type1)		小さくコロコロの便 (ウサギの糞のような便)
硬い便 (Type2)		コロコロの便がつながった状態
やや硬い便 (Type3)		水分が少なくひびの入った便
普通便 (Type4)		適度な軟らかさの便 (バナナ、ねり歯磨き粉状)
やや軟らかい便 (Type5)		水分が多く非常に軟らかい便
泥状便 (Type6)		形のない泥のような便
水様便 (Type7)		水のような便

　このように、ルールが存在する場合は**ルールに従って**記録します。

　また、バイタルサインのように、体温計や血圧計の**機器類に示された数値**を記載するようにします。記載する際は、必ず単位数を書きます。体温であれば、「○○.○度（℃）」、血圧であれば、「○○○／○○ mmHg」、脈拍であれば、「○○回／分」と記載します。呼吸回数は、介護職自身が測ることになりますが、その際は、測る**対象者と呼吸を合わせる**と回数が数えやすく、呼吸が浅いのか深いのか、苦しいのか苦しくないのかを知るためにも有効です。記録には、「○○回／分」で記載しましょう。

❺ 介助や支援は時間経過に沿って書こう

　介護職は利用者の生活という時間を一緒に過ごしています。そのため、介助場面では介助や支援をする前（介助・支援前）と介助や支援をしているとき（介助・支援中）、介助や支援が終わったあと（介助・支援後）と時間が経過します。

　一つ一つの状況を意識しながら、観察し記録するのですが、記録自体は、すぐに書けるわけではなく、時間がさらに経過してから書きます。そこで、

一連の経過を追うためにも、メモ帳にも**時計やテレビなどで確認した時間**を書き、状況をメモします。

①介助・支援前

　まず、バイタルサインを確認した際の数値、表情や発言から体調の確認をし、記載します。次に、介助の説明に対する反応や、承認を得られたのかの確認をし、記載します。あとは、どのような環境であったのかなどを記載します。

②介助・支援中

　実際に行った場所や利用者の動作能力の状況、介助方法、介助量を記載します。動作による体調の変化はなかったのかは必ず記載します。

③介助・支援終

　体調確認、発言や状況を記載します。

❻ 自分が見たことや聞いたことをありのまま記載しよう

　記録を簡潔に伝わるように書くことが大事ですが、注意しなければいけないのは、**要約しすぎて見たことや聞いたことなどが記載されない**ことです。介護記録は、**法的な根拠や証拠書類**ともなり、**自分たちを守る**ためにも存在しています。

　ニュース等で騒がれる介護職による虐待の事件がありますが、介護現場では、逆に、暴力や暴言を受けることもあります。しかし、介護記録にその状況が記載されていても、「暴力を振るわれた」や「暴言を吐かれた」では、何をどのようにされたのか、どういう状況であったのかがわからず、**証拠能力は十分**となります。そのため、具体的に記載する必要があります。

　たとえば、「食事の準備中、お茶を配っていると突然、配ったお茶を私の右手にかけてきて、大声で『こんなお茶いらねぇからよバカ』と言われた。

すぐにお茶のかかった右手を流水で冷やしたが、軽いやけどになった』まで記録をするようにしましょう。このように、見たことや聞いたことだけでなく、**介護職に起きたこと**についても、ありのままを記載する必要があります。

先の例文では書いてありませんが、利用者自身の手にもお茶がかかり、それを介護職がかけたと家族に疑われることも、実際あり得るのです。介護職として、利用者へ配慮する気持ちがあり、遠慮してしまうところも理解できますが、きちんと記載して、自分も守る記録を書きましょう。

❼ 表現を工夫しよう

日々の介護現場で使われている言葉が、そのまま記録になることがあります。その使われている言葉自体が、利用者と介護職の関係を、表すことがあります。そもそも介護職と利用者は、介護職が上に立つことはあり得ません。しかし、ふと使った言葉の語尾が「〜する」と「〜させる」のように少し違うだけで、介護職員が、関係性として上に立ったように取られてしまいます。

「ちょっと待って」と声をかけても、受け取り方によっては、**介護職の介護拒否**と捉えられることがあります。これは、日常の介助場面も振り返り、「○分まで待ってください」と伝えられるようにし、それをそのまま記録に書きましょう。

介護現場ではよく使われる「拒否」という言葉も、意味としては、「要求や提案を聞き入れないで断ること」です。この言葉を使うと、「○○さんは入浴を拒否した」「○○さんは、食事を拒否した」のようになります。この文章からは、介護職の提案や要求の仕方が悪いのではなく、利用者がその提案や要求を断ったことに**責任が転嫁されているように見えます**。しかし、本当に拒否なのでしょうか。拒否ではなく、その行動を意思表示と捉えれば、なぜ拒否したのかを考えるようになります。利用者が断るにはそれなりの理由があるはずです。利用者が断ることのないように、事前に相手の感情や行動を観察し、どのようにしたら聞き入れてもらえるのかを考えて、対処方法を準備することのほうが、介護職には大事なことなのです。

第3章・記録の基本的な書き方と手順

第4節

介護計画（個別援助計画）に基づいた記録の書き方

❶ 介護計画（個別援助計画）の中にある目標を確認しよう

　観察のポイントを理解して介助や支援をしないと、記録を書く際に観察できることが少なくなります。専門職としての記録というより、情報量の少ない、単に起きたことの流れを記録した日記のように曖昧になってしまいます。

　そのようなことのないように、介護計画（個別援助計画）に基づいて記録を書きます。大事なことは、介護計画（個別援助計画）の中にある目標を必ず確認することです。まず、目標があり、その**目標を達成するために介助や支援内容が記載**されています。その内容の中には、実際の介助や支援方法が具体的に記載され、**観察ポイントも記載**されていることがあります。

　そのため、介助や支援をする際は、大まかにでも、どのような目標で介助や支援が必要なのかを理解します。そのうえで、内容にある介助や支援方法でサービスを提供し、その結果を記録します。

❷ 介助・支援場面ごとの観察ポイントを意識しよう

　介助や支援をする際は、以下のことを意識して行うといいでしょう。

> ・何のために実施しているのかを意識しながら実践する
> ・目標に合わせ、必ず記録するべき事柄をあらかじめ考えておく
> ・目標を達成しようとする意識が強すぎると危険であることを認識して行う
> 　※達成するためにはやってもらわなければいけないと、押し付けの介助や支援になる危険性があります。

　また、介助や支援場面ごとに、観察ポイントがあります。それを理解し、

観察できることが重要です。

　観察ポイントは、大きく分けると、①<u>**身体的側面**</u>、②<u>**心理的側面**</u>、③<u>**生活的側面**</u>、④<u>**環境面**</u>の4つとなります。

　各介助や支援場面での具体的な観察ポイントは、Part 2で示します。参考にしてみてください。

第 5 節

法令遵守(コンプライアンス)に基づいた記録

❶ 各施設種別の規定を知ろう

　介護記録は、法令や基準の中で記録を残すことが定められています。まず、介護保険法ではどのように規定されているか、各施設種別で見てみましょう。

(1)介護老人福祉施設
　「指定介護老人福祉施設の人員、設備及び運営に関する基準」第37条第2項に、以下の規定があります。
①施設サービス計画書
②提供した具体的なサービスの内容等の記録
③身体的拘束等の様態及び時間、その際の入所者の心身の状況並びに緊急やむを得ない理由の記録
④市町村への通知に係る記録
⑤苦情の内容等の記録
⑥事故の状況及び事故に際して採った処置についての記録

(2)介護療養型医療施設
　「指定介護療養型医療施設の人員、設備及び運営に関する基準」第36条第2項に、以下の規定があります。
①施設サービス計画書
②提供した具体的なサービスの内容等の記録
③身体的拘束等の様態及び時間、その際の入所者の心身の状況並びに緊急や

　むを得ない理由の記録

④市町村への通知に係る記録

⑤苦情の内容等の記録

⑥事故の状況及び事故に際して採った処置についての記録

（3）介護老人保健施設

　「介護老人保健施設の人員、施設及び設備並びに運営に関する基準」第38条第2項に、以下の規定があります。

①施設サービス計画

②居宅において日常生活を営むことができるかどうかについての検討の内容
　等の記録

③提供した具体的なサービスの内容等の記録

④身体的拘束等の様態及び時間、その際の入所者の心身の状況並びに緊急や
　むを得ない理由の記録

⑤市町村への通知に係る記録

⑥苦情の内容等の記録

⑦事故の状況及び事故に際して採った処置についての記録

（4）特定施設入居者生活介護事業

　「指定居宅サービス等の事業の人員、設備及び運営に関する基準」第191条の3第2項に、以下の規定があります。

①特定施設サービス計画

②提供した具体的なサービスの内容等の記録

③身体的拘束等の様態及び時間、その際の利用者の心身の状況並びに緊急や
　むを得ない理由の記録

④委託業務の実施状況定期確認の結果等の記録（他事業者業務委託の場合）

⑤市町村への通知に係る記録

⑥苦情の内容等の記録

⑦事故の状況及び事故に際して採った処置についての記録

（5）認知症対応型共同生活介護事業

　「指定地域密着型サービスの事業の人員、設備及び運営に関する基準」第156条第2項に、以下の規定があります。

①地域密着型施設サービス計画

②提供した具体的なサービスの内容等の記録

③身体的拘束等の様態及び時間、その際の入所者の心身の状況並びに緊急やむを得ない理由の記録

④市町村への通知に係る記録

⑤苦情の内容等の記録

⑥事故の状況及び事故に際して採った処置についての記録

⑦運営推進会議での報告、評価、要望、助言等の記録

（6）小規模多機能型居宅介護事業

　「指定地域密着型サービスの事業の人員、設備及び運営に関する基準」第87条第2項に、以下の規定があります。

①居宅サービス計画

②小規模多機能型居宅介護計画

③提供した具体的なサービスの内容等の記録

④身体的拘束等の態様及び時間、その際の利用者の心身の状況並びに緊急やむを得ない理由の記録

⑤市町村への通知に係る記録

⑥苦情の内容等の記録

⑦事故の状況及び事故に際して採った処置についての記録

⑧運営推進会議での報告、評価、要望、助言等の記録

❷ 個々の規定を知ろう

　前項を受けて、たとえば、東京都の「指定介護老人福祉施設・特別養護老人ホーム指導検査基準」には、「記録の整備」の項目で、次ページの観点で

チェックがされています。

〈観点〉

　入所者に対する指定介護福祉施設サービスの提供に関する記録を整備し、入所者の退所の日から2年間保存しているか。

　　↓

〈記録の種類等〉

①施設サービス計画

②介護サービス記録、排せつ記録、体位交換表、入浴記録表、理美容チェック表等

③入所（入居）者名簿

④入所（入居）者台帳（ケース記録等）

⑤介護・看護日誌

⑥食事（献立表、食事箋等）

⑦健康管理（看護記録、健康診断）

⑧預り金等の管理に関する書類

⑨身体的拘束等の記録

⑩留意点

⑪定期的な記録

⑫責任者の定期的な確認と必要に応じた助言、指導

⑬プライバシーに配慮した適切な保管

⑭施設サービス計画等は、個人情報の保護に関する法律等に基づき適切に取扱うこと

　法令の趣旨から実施の遵守までと、それを裏付ける**根拠としての記録の整備**を求められています。また、次ページのように、個々にも適切に記録が残されていることのチェックがされます。特に、介護報酬の加算の対象となっているものには、詳細な実施の記録が求められます。

①建物、設備の点検

②委員会記録

③避難訓練結果の記録

④苦情の内容等の記録

⑤介護事故等の発生ごとにその状況、背景等の記録

⑥事故発生防止の研修実施の記録

⑦事故の状況及び事故に際して採った措置の記録

⑧従業者及び設備並びに会計に関する諸記録

⑨開催日時、出席者、議題、議事内容等を記載した会議録

⑩退所前後訪問相談援助加算の相談援助内容の記録

⑪栄養マネジメント加算における入所者ごとの栄養状態の定期的記録

⑫在宅復帰支援機能加算の当該退所者の在宅における生活が一月以上継続する見込みの確認記録

⑬サービス提供体制強化加算における配置割合の月ごとの記録

⑭介護サービス計画のモニタリング結果の記録および定期的な入所（入居）者への面接結果の記録

⑮余暇活動の実施記録

⑯身体拘束を行う場合の、緊急止むを得ない理由の記録。経過観察等の記録委員会等の実施記録

⑰退所（退居）者金品等の処理の記録

⑱公正証書等の作成経過の記録

⑲検食についての記録

⑳感染症又は食中毒の予防及びまん延防止の職員研修の実施記録

　記録が整備されているかは、介護サービスを利用する利用者や家族にもわかるようにされています。自治体が行っている**情報公表制度**により、介護事業者の申告した基本情報項目と調査情報項目がインターネット上で公表されています。調査事項は、「仕組みがあるか」「記録があるか」で回答します。

　サービスの質は実際の介助や支援ですが、その質の担保として、**実施するための仕組み**（手順、計画、ルール）の存在と、**実施の確認がとれる記録の存在が問われる**ことになります。

第6節

記録の保存期間

❶ 記録の保存期間を意識しよう

　記録には定められた保存期間があります。介助や支援などのサービス提供に関連する記録書類は、介護保険の運営基準では「完結の日から二年間保存」とされています。しかし、介護報酬を受けるための「介護給付費請求書」「介護給付費明細書（国民健康保険団体連合会（国保連）請求控え）」については保存期間が5年であるため、現在、各自治体が条例を設置できることもあり、**保存期間が5年**とされていることが多いです。

　一方、障害福祉サービスの記録書類の保存期間については、「障害者の日常生活及び社会生活を総合的に支援するための法律に基づく指定障害者支援施設等の人員、設備及び運営に関する基準」に「提供した日から五年間保存」とされています（次ページ**コラム②**参照）。表現には違いがありますが、介護記録は5年程度長い期間において保存が求められます。そのため、自らが記載する記録が長い期間保存されると理解をしたうえで、記録すべきことは何かを理解して記録するようにしましょう。

　なお、記録の保管方法については印刷だけでなく、電子保存も認められています。

❷ 税務上の記録の保存期間を知ろう

　介護報酬関係資料は売上計上の重要な根拠書類となるため、税務上の帳簿保存期間は**7年間**です。

　また、売上を記載した決算帳簿については、法人税法で繰越損失の繰り延

べが**9年に延長**されたことに伴い、帳簿書類の保存期間も7年から9年に延長されています。社会福祉法人は**10年間**となっています。

「障害者の日常生活及び社会生活を総合的に支援するための法律に基づく指定障害福祉サービスの事業等の人員、設備及び運営に関する基準」

（記録の整備）

第七十五条　指定療養介護事業者は、従業者、設備、備品及び会計に関する諸記録を整備しておかなければならない。

　2　指定療養介護事業者は、利用者に対する指定療養介護の提供に関する次の各号に掲げる記録を整備し、当該指定療養介護を提供した日から五年間保存しなければならない。

一　第五十八条第一項に規定する療養介護計画

二　第五十三条の二第一項に規定するサービスの提供の記録

三　第六十五条に規定する市町村への通知に係る記録

四　次条において準用する第三十五条の二第二項に規定する身体拘束等の記録

五　次条において準用する第三十九条第二項に規定する苦情の内容等の記録

六　次条において準用する第四十条第二項に規定する事故の状況及び事故に際して採った処置についての記録

第 7 節

業務日誌の書き方

❶ 業務日誌の書き方を理解しよう

　業務日誌は、「管理日報」や「運営日誌」と呼ばれることがあります。この記録も、施設によって様式やルールもさまざまです。ただし、**記載者はその日の責任者**であることが多いのが特徴です。ここでは通所介護（デイサービス）を例に示します。

①年月日とサービス提供時間

　業務日誌の対象となる年月日とサービス提供時間を記載します。サービス提供が 2 部制の場合は、**午前の部と午後の部それぞれ**で作成します。

②従事職員

　その日に勤務している職員の職種や氏名を記載します。記載するときは、生活相談員、看護職員、機能訓練指導員、介護職員、その他の職種など**職種で分けて**、氏名をわかりやすく一覧にします。

③利用者数

　その日に利用する予定の利用者の人数と、当日欠席した利用者を除き、実際に利用した利用者の人数を記載します。次に、要介護度・要支援度の**区分に応じて**、利用者数と氏名を記載します。また、サービス提供時間の短縮を利用している方や定員超過がある場合は、備考欄に記載するようにします。

④入浴

その日に入浴を予定している利用者の人数と氏名を、「一般浴」、機械を使用した「特別浴」、体調などによって入浴できない「シャワー浴」などの**入浴方法の区分に応じて**記載します。また、入浴を中止した利用者がいた場合、その人数と氏名も記載します。氏名はフルネームではなく名字でもいいですが、同じ名字の方がいる場合は、個人がわかるように記載します。これは、通所介護（デイサービス）の場合は、**入浴介助に加算**があるため、それが明確にわかるようにしておくことで、報酬を受けるときに根拠書類となるためです。

⑤食事

その日に食事を予定している利用者の人数と氏名を、「一般食」「ミキサー食」、減塩食のような「特別食」などの**食事の区分に応じて**記載します。提供を中止した方がいれば、その人数と氏名を記載します。

⑥送迎

その日の送迎を、**コースごとに分けて**記載します。事業所を出発する時間、事業所に到着した時間、利用予定人数、欠席した人数、送迎の担当者を記載します。

⑦スケジュール・プログラム等

その日に予定しているタイムスケジュールを**時系列に沿って**、以下のように記載します。

プログラム		内容・結果	主な担当者
9:00〜9:30	送迎	時間どおりに運行	荒井、大黒、佐藤
9:30〜9:45	うがい・手洗い	全員行う	鏑木、原田、墨田
9:45〜10:00	バイタルサイン測定	特に変化なし	大黒
10:00〜10:40	入浴または運動	リハビリ体操、入浴	荒井、墨田

プログラム		内容・結果	主な担当者
10:40〜11:40	レクリエーション	ゲーム、手芸	佐藤
11:40〜12:00	嚥下体操	パタカラ体操	佐藤
12:00〜13:00	食事	中止者なし	鏑木、原田、墨田
13:00〜15:00	入浴または運動	入浴、リハビリ体操	荒井、墨田
16:00	レクリエーション	ゲーム、歌	大黒
16:30	終わりの会	次回の予定説明	佐藤
17:00	送迎	時間どおりに運行	荒井、大黒、佐藤

　時間とプログラム項目、実際に行った内容、サービス提供開始時間を記載します。プログラム項目の内容としては、以下のとおりです。

項目	内容
全体	・送迎　・体調確認、バイタルチェック　・入浴 ・朝の体操、グループで集団体操　・昼食、口腔ケア　・帰りの会
個別活動	・個別の機能訓練、個別の趣味活動 ・レクリエーション、○○ゲーム　・談話、おやつ作り

⑧特記事項

　サービスの利用のキャンセルや、サービスの一部または全部の中止があった場合は、利用者の氏名とその理由などを記載します。**職員が利用者について気になったこと**や、**利用者の体調に変化があったこと**、**事故が起きたこと**については、その内容を記載しておき、記録として残します。

⑨記載者・管理者の確認

　業務日誌を書いた介護職の氏名を記載します。作成後、管理者が内容を確認し、コメントを記載し、サインや押印を行います。

❷ 業務日誌の書き方を工夫しよう

　業務日誌は A4サイズ1枚の用紙にまとめられていることが多いです。その日の運営がどのようになされたのかがわかるように、情報をまとめて記載することが求められます。そのため、利用者の状態や出来事など詳細については、記載するスペースがなく、端的に状況と結果がわかるように記載し、「詳細は『ケース記録』参照」とします。そして、利用者の状態や出来事などの詳細は、次節の「ケース記録」に記載するようにします。

　また、記載する際の工夫としては、以下のとおりです。

> ・用紙を作成する際や、利用者のいない業務時間に、項目に該当する利用者の氏名をあらかじめ記載しておいて、当日は〇を付けるだけといった方法にする。
> 　→氏名のように同じことを何度も記載する手間を省くことができる。
> 　→先に記載しておくと氏名を書き忘れるといったミスを防ぐことにもつながる。

　特記事項については、通常と違うことが起きたときに記載すべきところです。そのため、**管理者や次の勤務帯の職員がまず確認するべき項目**になります。書き忘れがないようにすることは当然ですが、伝えるべき内容を簡潔にわかりやすく書くことを意識して、責任をもって記載しましょう。

第 8 節

ケース記録の書き方

❶ ケース記録の書き方を理解しよう

　ケース記録は「介護記録」や「介護日誌」と呼ばれることもあります。この記録も、施設によって様式やルールはさまざまです。多くの介護現場では**経時記録**で記載しています。

　<u>経時記録とは経過記録の一つ</u>です。経過記録には、ほかに医療現場で、利用者や患者の問題や課題に対しての記録として使用されることの多い、POS（問題指向型システム）に沿った**SOAP（ソープ形式）**、**フォーカスチャーティング（DAR 形式）**などの種類があります（次々ページ**コラム③**参照）。

　経時記録の書き方は、時間軸に沿って左から、記録することが起きた日付、時間、内容、記載者氏名の順で記載します（**書式・記載例集⑩**「**ケース記録**」参照）。

　起きた出来事をありのままに事実を記載します。この記録方法のいいところは、以下のとおりです。

> ・内容の部分は形式に捉われず自由に記載できるため、見たままの状態をありのままストレートに表現し記録することができる。
> ・突発的な事故やその状況が、時間を追って記載できるため、あとから読み返したときや他の職員が状況を理解しやすい。

　問題や課題に対しての記録と限定されているわけではなく、利用者が話してくれたことや観察者が変化に気づき観察したことなども記載できます。したがって、利用者の性格や行動など、その人らしさや特徴が理解しやすいといった利点があります。

　逆に、悪いところとしては、次ページのとおりです。

- 記録が長くなるとどの点を記録しようとしたのかという焦点がぼやけ、読み手に伝えたいことが伝わらない。
- 記録の場面に登場人物の発言や反応など、細かく記載されないと状況が理解しにくいため、記載に時間がかかる。

　記載する際は、起きた出来事を順番に書きます。次に、その出来事の内容をなるべく詳細に書きます。さらに、客観的に観察したことを書き、最後に、起きた出来事に対応したことなど、その後の結果についても書きます。

❷ ケース記録の書き方を工夫しよう

　経時記録の場合は、詳細に書くため時間がかかりやすいです。そのため、第3章第2節第3項で説明した5W1Hに合わせて、①いつ（When）、②どこで（Where）、③誰が（Who）、④なぜ（Why）、⑤何を（What）、⑥どのように（How）のポイントでまとめます。食事、排泄、入浴など介助や支援場面に会わせて、定型文を作っておくとそのときに起きたことに合わせて少し書き直すだけで、記録として成り立ちます。

　そのため、記録はなるべく書きため、チーム内で記録してほしい内容を共有し、何を記録として残すべきかを決めておきます。記載するときに迷うことが少なく、時間をかけず効率的に書くことができます。

　どのような言葉を選ぶべきかと悩むときは、使える表現や文例、言葉を覚えておくと、記録する際に、言葉を選ぶのに悩むことも減ります。

❸ 業務日誌とケース記録との記録の整合性をとろう

　業務日誌には運営上で必要な情報が記載されています。サービスの利用のキャンセルの理由や、利用者の体調の変化、起きた事故などについて、端的に内容が記載されています。その詳細を知りたいときには、ケース記録の記録を確認します。

このときに、記載してある内容や日付、時間が違うと<u>正式な記録として採用されません</u>。また、記録を書き替えているのではないかと**改ざんの疑い**をかけられてしまいます。そのため、2つの記録にきちんとした整合性があるように記載できているか、必ず確認するようにしましょう。

第3章・記録の基本的な書き方と手順

COLUMN③

SOAP（ソープ形式）

SOAPとは、多くは医療機関や看護師が用いる、POSの記録方式です。POSとは、Problem-oriented-systemの頭文字で、問題志向型システムと訳します。利用者（患者）の問題を明確に捉え、その問題解決を理論的に進める記録システムです。

S：**主観的データ**（Subjective Date）…… 利用者（患者）が発言したこと

O：**客観的データ**（Objective Date）……… バイタルサインや検査データ、観察できたことなど

※判断・解釈は含めず、事実をありのままに書く。

A：**アセスメント**（Assessment）………… SとOを受けて考えた自らの予測や意見、感じた印象

P：**プラン**（Plan）……………………… SOAを受けて行った自らの行動

※問題解決のために計画を立案する。

問題に焦点を当て、問題ごとにS、Sから考えられるO、SとOから考えられるA、SOAを受けてのPを記録します。

フォーカスチャーティング（DAR形式）

フォーカスチャーティングとは、患者の反応や状態に焦点（Focus）を当て、その焦点ごとにDARを順序立てて記録する方法です。

D：Data …………… フォーカスした出来事に関する主観的情報と客観的情報

A：Action ………… フォーカスした出来事に対して行ったケアや処置、今後の計画など

R：Response …… Aで行ったケアや処置の結果、患者の反応（レスポンス）

※反応が得られるまでに時間がかかる際は、記載しなくてよい。

第 9 節

終結記録の書き方

● 終結記録の書き方を理解しよう

　利用が終了した場合には終結の記録をします。利用が終了する理由としては、利用者の死亡、病院への入院、施設への入所、他市町村への転居、要介護認定が非該当（自立）と認定、事業所の都合（事業所廃止や介護支援専門員退職等による人員削減）などがあります。

　内容としては、日付、時間、終結の理由があります。例としては、以下のとおりです。

★利用者の死亡　　「〇月〇日〇：〇　〇〇医師により死亡確認され、サービス終了となる」

★その他　　　　　「〇〇のため、〇〇への入所（入院）（の運び）となり、サービス終了となる」

　各計画書、ケース記録の評価欄などに記載して、計画を終結させます。なお、ケアマネジャーの支援経過記録にも終結の記録がされます。

第10節

ヒヤリハット報告書の書き方

❶ ヒヤリハット報告書を理解しよう

　「ヒヤリハット」とは、「ヒヤリとした」「ハッとした」という日常生活でも起きている**事故につながる可能性があること**をいいます。

　介護現場では、薬の飲み間違いや食事の誤嚥、トイレでの転倒などは、**利用者の生活を低下させる**危険な事態です。そのようなことが起きないように、介護職が、介護現場で起きる、多くの事故につながらず未然に防げたことの情報を収集し、分析することが必要です。

　今後、同じことが起きないように、利用者に関わる職員が共有する、ヒヤリハット報告書があります。医療現場では、ヒヤリハットは英語で「インシデント」となるため、「インシデント（ヒヤリハット）レポート」と呼ばれます。この報告書は、**事故を未然に防ぐことや、再発防止**を目的として作成されます。

　「ヒヤリとした」「ハッとした」したことが、どのくらいの割合で事故に至るのか、起きた事故の度合いなどを調査し、統計で明らかにしたのがアメリカの保険会社のハーバート・ウィリアム・ハインリッヒです。ハインリッヒは、その調査で5,000件以上に及ぶ労働災害を調べ、1件の重大事故の背景には、29件の軽い「事故や災害」が起きており、さらに事故には至らずにすんだ「ヒヤリハット」が300件潜んでいるという法則性を示しました。これを**ハインリッヒの法則**と呼び、ヒヤリハット報告書作成の根拠にもなっています。

❷ ヒヤリハット報告書の重要性を理解しよう

　人は失敗をすると、「人には知られたくない」という思いが強く働き、心理的に隠したくなるものです。介護現場でも「失敗すること＝よくないこと」または「自らの知識や技術が未熟と思われる」と考えて、事実を報告しないことがあります。そのような意識になると、ヒヤリハット報告書の記載は、失敗したから罰で書かされていると思いがちです。

　介護は利用者の状況から仮説を立て、計画書を作成するという、**「仮説を実行する＝チャレンジする」**という側面があります。仮説のため、当然、失敗することはあります。その基本に戻ると、失敗が悪いのではなく、失敗さえできないような状況を作ることのほうが、決まった形のない生活を支えるためには、邪魔をするものとなることを理解しましょう。

　この報告書の意味は、あくまで再発防止であり、今後の介護現場の安全性確保のために、情報共有するためのものと理解することが大事です。

　また、この報告書を介護経験が浅い新人職員が読むと、介護職員自身の特性、利用者の特徴、介助・支援時の危険性、観察のポイントを先に知ることができ、「もしかしたら」という予測を持って、仮説を立てながら介助にあたることができます。このように、この報告書は介護職員一人一人の**介護の質の向上のための学習教材**ともなります。

　ヒヤリハット報告書の重要性を理解して、積極的に記載するようにしましょう。

❸ ヒヤリハット報告書に記載する際は注意しよう

　介護現場では、忙しく記録する時間がないといわれます。しかし、この報告書は事故を未然に防ぐ大事な情報となるため、作成する時間がサービス残業といったことにならないように、介護職が**連携して、時間が確保できるように配慮**することが大事です。

　この報告書は、事故が起きたときに記載する「事故報告書」とは違い、**提**

出や保管の**義務はありません**。また、様式やルールもさまざまです。

　内容としては、事故報告書に共通するものもあります。そのため、ヒヤリハット報告書の記載方法をきちんと学んでおきましょう。

　記載内容は、以下のような事項です（**書式・記載例集①**「ヒヤリハット報告書」参照）。

１．作成日と作成者

　基本は**発見者**です。また、**発見や発生した日に記載**するのが基本です。生活は時間の流れが止まりません。そのため、情報共有や再発防止への対応が遅れることにより、同じような状況が起きるだけでなく、事故へとつながる危険性もあります。発生後の対応がすみしだい、すぐに作成できるようにしましょう。

２．利用者名

　利用者名を記載するのは当然ですが、様式によっては**年齢や病気のことなど基本情報**を記載することがあります。その際は、間違いがないように「フェイスシート」等を参考に記載するようにします。

３．誰が発見したか

　基本的には**作成者**となります。しかし、発見者が対応できなかった場合に、その後の対応を**担当者が作成**することがあります。その際は、誰が発見したのかを記載するようにします。

４．いつ起きたのか

　発見や発生した日付はもちろん大事ですが、可能なかぎり**時間は詳細に記載**しましょう。原因を分析する際の重要な情報となるため、たとえば、「8：30　朝食を食べ終わり洗面所に向かうとき」と具体的に書きます。

5．発生時の状況

　どこで、何をしたときに、どうなったか、または、どうなりそうだったかを記載します。

①どこ

　場所は、単に「食堂」や「廊下」ではなく、「食堂の洗面所の付近」や「トイレの前の廊下」など、なるべく詳細に記載します。

②何をしたときに

　利用者が何をしようとしたのかということも重要ですが、**介護職が何をしようしたときなのか**も記載します。たとえば、「利用者が立ち上がり一人で歩き始めたのを、洗面所で他の利用者の歯磨き介助をしていて気づかなかった」と、利用者と介護職の状況をどちらも記載します。

③どうなったか、または、どうなりそうだったか

　一人で歩くとバランスを崩し転倒する危険性がある利用者だった場合、一人で歩き始めたというだけで、危険であったということがわかります。このような場面では、「転倒はしなかったが、介護職がいなかったため、バランスを崩し転倒する危険性があった」と記載します。

6．発生時の対応

　どのような介助・支援や声かけをしたのかを記載します。発見や発生した際に、対応した介助・支援や声をかけた内容を記載します。転倒する可能性がある利用者の場面では、「○○さん、一人で歩かず、テーブルに手をついて、待っててくださいと言い、すぐに近づいた」と記載します。

7．対応後の状況（利用者の状況）

　発見や発生後の対応で、利用者がどのような状況かわかるように記載します。利用者の**言葉とともに行動**を記載すると、利用者の状況が把握しやすく

なります。

8．原因の分析

　原因には、利用者だけでなく、**介護職の対応や環境**にもあることが考えられます。たとえば、「入浴時に足が滑り転倒しそうになった」という事例の場合、利用者の歩行能力も原因になりますが、介護職の介助する際の距離が遠く、「すぐに手を触れることができず、バランスを直せなかった」「シャンプーが床に残り、滑りやすい環境で利用者を浴槽に移動させてしまった」というような原因もあります。

　なお、作成時に**明確な原因を示す必要はありません**。作成時に考えられる原因を記載します。他職員や他職種と検討できる環境があれば、話し合い見出した原因を記載します。

9．今後の対応策

　命に関わるような深刻な事態のような**最悪の状況**を想像しながら、**あらゆる可能性**を検討します。実際に命に関わった場合、介護職はずっとその想いを抱えて、働くことになります。そのようなことがないように、予防できる方法は何かと考えて記載することが必要です。また、環境に関することであれば、**職場の改善提案**となります。

PART
2
介護記録の表現例

第 1 節
食事の役割

食事は、栄養を取り健康を維持するためだけでなく、食欲を満たし、精神的な満足感を得ることができます。そのため、普段の食欲や食の好みを把握することは大事ですが、食べこぼしや咳き込みがないか身体機能を把握することも忘れずに行いましょう。

❶ 表現を比べてみよう

例①／食前の様子

NG

　いつも食事を楽しみにしている〇〇さんだが、夕食の時間になっても元気がない様に思える。尋ねると「なんだか食欲がない」そうだ。看護師と相談し、しばらく様子をみることになった。

GOOD

　夕食の時間になったが、いつも食事を楽しみにして一番に食堂に来る〇〇さんが来ないので、部屋に向かい私が声をかけて、食堂まで来たものの表情が緩まない。私から〇〇さんに「心配ごとでもあるんですか？」と声をかけると、「わからないけど、なんだか食欲がないんだ」と力のない声が返ってきた。バイタルサインを見て体温などを確認するがいつもと変わらない数値。現状を看護師と相談すると、「しばらくは様子をみてみましょう」となった。

観察POINT　行動や言動、いつもとは違うことへの気づき

文章POINT　何がどのように違うのか、利用者の実際の言動とデータ、その後の対応の根拠を記載

ポイント解説

　現状をどのように把握したのかを具体的に記載し、相談した状況がわかるようにしましょう。

例②／嚥下の状態

NG　　　○○さんは相変わらず食欲旺盛だが、<u>最近、飲み込んだ</u>あと、咳き込むことが多くなった。あまり噛まない癖があるが、よく噛むようにしてもらってもむせていた。嚥下機能の低下の<u>ようだ</u>。

GOOD　　　○○さんは、食事は常に完食だが、<u>昨日から飲み込んだあとむせ込むようになった。今日の夕食時は激しくむせ込んでいた</u>。○○さんは普段から噛まずに飲み込むことが見られるので、介護職は毎回食事前には「よく噛んでくださいね」と声をかけているのだが、「大丈夫だよ」と言われ食べ方に変化は見られていない。今日の状況をみると<u>誤嚥する可能性があると思われる</u>ので、看護師に相談し、姿勢や調理法を調整することになった。

観察POINT｜飲み込みの状況の変化、いつからなのか

文章POINT　いつからどのように変化したのか、対応への利用者の変化、今後起こる可能性への対処を記載

ポイント解説

　「最近」ではなく具体的に記載します。「ようだ」と推測しないようにします。

例③／嘔吐

NG
　食事の途中で、〇〇さんが急に食べるのをやめ、「ムカムカする」と訴えたので、背中をさすっていると吐いた。ベッドを倒して、口元にタオルを敷き、一旦、安静を保つことにした。

GOOD
　私が部屋のベッド上で〇〇さんの食事介助をしていると、〇〇さんが急に食べるのをやめ、「ムカムカする」と言われた。すぐに洗面器を用意して背中をさすると、食べたものを多量に吐いた。吐いたときは、顔色が白かったが色味が戻った。そのあと5分程度様子を見るが、呼吸や意識状態に変化なく、事はなかった。ベッドの角度を少し下げて口元にタオルを敷いた。看護師を呼び、来るまで近くで待つことにしたが、さらに吐くことはなかった。

観察POINT｜嘔吐した一連の状況、顔色や意識状態の変化

文章POINT｜嘔吐する前の状況、嘔吐量、嘔吐後の状況を対応させわかりやすく記載

★ ポイント解説
　「吐いた」ではなく具体的に記載します。「一旦」ではなく状態観察の結果と専門職の指示を記載します。

例④／服薬

NG

食事の準備が遅れ、服薬も遅れていると「私、そろそろ薬の時間じゃないかしら」と、〇〇さんに呼び止められた。すぐに薬と水を持っていくと、感謝された。

GOOD

〇〇さんはいつも食前に糖尿病薬を服用しているが、食事の準備が遅れ、服薬も遅れている。〇〇さんが「私、そろそろ薬の時間じゃないかしら」と私を呼び止めた。私がすぐに薬と水を持ってテーブルに置くと、〇〇さんはあわてて飲んでいた。厳しい表情だったが、〇〇さんに私が「先に教えていただいて助かりました」とお礼を言うと、「こちらこそ、いつもありがとう」と言われた。

観察POINT　表情や行動、対応への反応

文章POINT　利用者が何を気にしていたのかを詳細に記載

★ **ポイント解説**

「服薬」ではなく「糖尿病薬」と具体的に、食事に関係する薬だからこそ気にしていることがわかるように記載します。「感謝」ではなくやりとりの内容を書きます。

❷ 表現を参考にしよう

例①／食前の様子

　　今朝の〇〇さんは、いつもと違って 顔色も良く 「おはよう」
の あいさつの声も大きい 。呼びかける前に自分で起きている
ので、私が「よく眠れたようですね」と声をかけると、「うん」
と答えて、自ら食堂に向かった。食堂に入ると〇〇さんはすぐ
に大きな声で「今日の朝ごはんは何かな」と私に話しかけてき
たので、「お腹すいてますか」と聞くと、「そう、ペコペコだよ」
とお腹をなでた。

観察POINT　よく眠れたか、目覚めはどうか、体調はどうか、空腹感
　　　　　　はあるか

文章POINT　推測ではなく事実のみ、利用者に声かけしそのやりとり
　　　　　　をそのまま記載

★ ポイント解説

　介護者の主観が混じるようなものは記載しないようにします。「顔色が良
さそうだからよく眠れたようだ」と推測を書くのではなく、利用者自身に問
いかけて発言を引き出し、事実として記載するようにしましょう。

例②／食前の様子

　○○さんが、食前に服用している薬を服薬ゼリーに入れて渡した。服薬を確認して、10分ほど経ったころ○○さんから「薬まだなの？」と私に質問があり、「さきほど、飲まれましたよ」と伝えた。○○さんは「そうなの。じゃ、朝ごはん食べていいのね」と言いつつも、椅子には座ろうとしない。○○さんの近くに寄り私が「お薬の時間は、お知らせしますよ」と眼を見て話すと、椅子に座った。

観察POINT　服薬の確認

文章POINT　時間の経過、服薬の確認、状況がわかるように会話内容をそのまま記載

★ポイント解説

　時間はなるべく具体的に記載します。また、「不安そう」などで表現せずありのままに書いて、読み手が状況を判断できる情報にしましょう。

例③／食事の環境

　夕食前に○○さんと外出していた娘さんから桃の花をいただいた。すぐに食堂のテーブルに桃の花を飾った。他の利用者からも「どなたからのプレゼント？」「きれいね」「春だなあ」など、花があるテーブルに集まり、華やいだ雰囲気になった。○○さんにも他の利用者が「桃の花は○○さんの誕生花なの？」など、昼食中だけでなくレクリエーションの時の会話も弾んでいた。

文章POINT　エピソードを交え、具体的に食事の環境がわかるように
　　　　　記載

⭐ **ポイント解説**

利用者の実際の発言を、そのまま記載するようにしましょう。

例④／食事への興味

　○○さんは、普段から 他の利用者や職員と会話をし 、食事
も 毎回９割 は食べている。しかし、昨日から 顔をしかめて 、
口数も少ない。今夜の夕食はほとんど手をつけず、私が○○さ
んに「体調が悪いのですか?」と聞いても、「別に。いつも通
りですよ」と返事。バイタルサインの数値に変化はないため、
明日の送迎時に家族へ相談することとなった。

観察POINT　利用者の表情の変化、普段の食事量との違い、バイタル
　　　　　サインの確認

文章POINT　利用者の異変、食事量や表情などを具体的に表現して記
　　　　　載

⭐ **ポイント解説**

　変化に対する行動をありのままに書き、その後の対応まできちんと記載し
ておきましょう。

例⑤／食事の量

○○さんは、午後3時ごろに娘さんからもらった饅頭を3つも食べていたが夕食は完食。3か月前の入所時には、半分以上残すことが多かったが、ここ1～2か月は完食することが多く、体重も1.5kg増えている。食べ過ぎには注意が必要だが、以前より活動的になり、顔色もよくなる等、心身の状態は改善している。

観察POINT　時間の経過に伴う食欲や健康状態の具体的な変化

文章POINT　食事量や体重の数値的な変化、健康状態の相関を記載

★ **ポイント解説**

「悪化」や「改善」など自らの判断を書きたいときは、何を根拠に判断したのかがわかるように記載します。

例⑥／食事中の様子

いつも他の利用者とお喋りしながら、にぎやかに食事をする○○さんが、夕食を一人で寡黙に食べていた。私が○○さんに「何か心配ごとでも？」と聞くと、「ちょっとね、、、」と、だんだんと声が小さく最後は聞き取れない。夕食後部屋に戻った際に○○さんに再度話を聞くと「最近、××さんが感じ悪いのよ」と、向かいの席の利用者と折り合いが悪くなったと言う。私が明日から席を配慮する旨を伝えると、○○さんは「よかったわ」と言われる。

食事中の変化、話し方や発言の内容

利用者の発言、時間の経過や場所の変化、対応後の利用者の反応を記載

★ **ポイント解説**

　利用者が自らの気持ちを語った言葉は貴重な情報のため、省略せずそのまま記載するようにしましょう。

例⑦／食事中の様子

　　○○さんは、 食欲はありむせ込みもない が、１週間前より食べるのが遅くなり、こぼす量が多くなった。食事中の様子を観察すると、箸が持ちにくそうで、 食べ物をうまくつかめていない ので、私が自助具を使ってみることを提案し、持ち替えるとスムーズに食べられるようになった。チームで共有するように、リーダーに報告した。

観察POINT 食事動作、食欲やむせ込みの有無を確認

文章POINT 食事する動作に変化があった時期と内容、対策は具体的に記載

★ **ポイント解説**

ささいな変化も見逃さないようにしましょう。

例⑧／姿勢

　昼食時、○○さんは豆腐で軽くむせていた。姿勢を見ると 背中を椅子の背もたれに押し付け 、身体を反らせるように食べていた。私から○○さんに声をかけ、もう少し深く椅子に座り足を引き、前傾姿勢で食べるように促すと、すぐに姿勢を変えた。その後はむせなく食べ終え、○○さんは「ほんとね。食べ物がのどを通りやすくなったわ」と言った。これまでもむせ込むことがあったので、主任に報告した。

観察POINT 飲み込みやすい姿勢をとることができているか

文章POINT 現状の姿勢、助言に対する姿勢の変化を具体的に記載

★ ポイント解説

　対応した結果でどのように変化したかは、介護者自らが行ったことの価値を示すことになります。きちんと記載して残しておきましょう。

例⑨／口腔内の状態

　○○さんが昼食を半分残したので、私が 「食欲がないのですか？」 と聞くと、「この前から食べ物を噛むと、口の中が痛いんだよ。今日は特にひどくて、もう食べられないよ」 と言っていた。先月義歯を入れた時から時折○○さんは 「どうも入れ歯が合わなくて気持ち悪い」 と言っていた。口腔内を見ると 義歯が当たっていると思われるところに赤く炎症 があり、すぐに看護師に報告し一緒に確認した。 看護師から家族に連絡をして明日診察が受けられることになった。

文章POINT 利用者とのやりとり、口腔内の状態を具体的に、対策を
記載

★ ポイント解説

　利用者の言葉に食事を残す理由があります。何かおかしいと思ったら、ま
ず、本人に聞いてみましょう。

例⑩／食事中の介助

　先月から、○○さんは食べ物を飲み込む時間が長くなり、昨
日の夕食でもむせていた。先日、歯科を受診し、軽度の嚥下障
害 があることが判明し、医師の指導のもと、今日の昼食はリク
ライニング車椅子を60度に倒し、頭の下に大きいクッションを
置き頭部を支え、スプーンで介助することになった。昼食を食
べ終えるまで、むせることはなかった 。

観察POINT 嚥下障害の症状、対策と効果

文章POINT 専門職の指導は詳細に、効果を利用者とのやりとりを交
えて記載

★ ポイント解説

　専門職の指導内容は、今後、計画に反映されるため、詳細に記載すること
が必要です。

例⑪／食事中・食事後の様子

　いつもは自分で食事をとり、完食する○○さんだが、今日の夕食時、箸でおかずをつかもうとして何度か失敗した後、箸を置き、そのまま何も食べようとしなくなってしまった。私が「スプーンを使いますか？」と聞いても○○さんは押し黙ったままだった。その後、○○さんと一緒に歩いてトイレ向かう途中で、「箸でうまく食べれなくなっちまった」と顔を下げて言われた。すぐにチームで理学療法士を含めて検討し、自助具の使用を勧めることになった。

観察POINT　食事動作、利用者の声かけへの表情や反応

文章POINT　普段の様子と比較し、動作の変化と利用者の反応がわかるように記載

★ポイント解説

利用者からぼそっと漏れ出た本音を、聞き逃さないようにしましょう。

例⑫／食後の様子

　○○さんは最近食事を食べ終わるのに1時間程度かかる。今日の夕食は、昨日までとは違い、しっかり咀嚼し、時間も30分程度で完食する。先日○○さんは義歯を交換されて、今日から新しいものとなった。○○さんが私に「この入れ歯、とても具合がいいよ」と表情を緩めて言われる。

観察POINT　義歯を変えたことによる食事時間、利用者の反応の変化

義歯交換の前後での食事の様子、具体的に、時間は数値
で記載

★ **ポイント解説**

義歯は見た目ではわからないため、利用者本人から具合を聞くようしま
しょう。

例⑬／食後のケア

　　○○さんは小食で、いつもは 半分量の食事でも残す ことが
あるので、栄養補助食品を提供している。今日の夕食のおかず
は焼き魚や筑前煮など、 好物ばかりだったため完食した。 ○○
さんは 「お腹いっぱい」 と、顔をしかめ お腹を押さえながら、
歩いていた ので、部屋に戻る前に ソファで休むように私が声を
かけると、座って少し休まれた。 その後○○さんは 「ありがと
う、もう大丈夫」 と表情も戻り、 お腹を押さえることもなく部
屋に歩いて帰られた。

観察POINT 利用者の普段の食事の量、食後の表情や行動

文章POINT いつもと違った様子への対応、利用者の表情や言葉を記
載

★ **ポイント解説**

腹部の膨らみは単に満腹による変化ではないこともあるため、注意しま
しょう。

例⑭／水分補給

　　○○さんは「トイレに行くのがおっくうだ」といって、水分を取りたがらず、食後のお茶も飲まないことが２日に１回はあった。今日は日中気温26℃と予測されており、朝食後の散歩で○○さんは少量だが汗をかいていた。脱水症状の不安があったので、施設に戻った後、私が「汗をかいた後は美味しいですよ。脱水症状にならないように」とコップで水を渡したら○○さんは「美味しいわ」と200ccすべて飲み干した。

観察POINT　発汗の様子、水分補給の工夫

文章POINT　対応したことの根拠としての利用者の様子、気温、発汗量、利用者との会話内容を記載

★ ポイント解説

水分摂取の状況は重要な情報のため、必ず記載しましょう。

例⑮／間食

　　○○さんは甘いもの好きで、おやつの時間以外にも、よく自室で饅頭や羊羹を食べている。最近は腰を痛めて活動量も低下し、BMI値も30を超え、明らかにお腹周りに脂肪がついて、家族が大きめの洋服を購入している。栄養士から○○さんは、間食は食べ過ぎないようにと注意を促されているため、私は「一度に全部食べないようにしてくださいね」と○○さんに声をかけると「ほら、食べたのは一つだけだよ」と、手を広げた。

| 観察POINT | 利用者の嗜好を尊重しつつ健康に配慮、体重の変化 |

| 文章POINT | 体形変化、間食内容、間食頻度、体重や栄養指標は数値化、具体的に記載 |

★ ポイント解説

　高齢者の場合、肥満より低栄養のほうが問題のため、肥満に対しては寛容に対応することが重要です。ただし、体重増加で立つことが難しくなったり、家族の介護負担の増加のような生活上に問題をきたすようなであったりすれば、減量を勧めます。なお、体脂肪率は、体脂肪率が測れる体重計での測定値を想像しますが、医療や福祉の現場では、BMI指数を使います（次ページコラム④参照）。

COLUMN④

BMI指数

BMI（Body Mass Index）は、体重と身長の関係から人の肥満度を示す**体格指数**です。

①計算式

$$BMI = 体重 kg \div (身長 m)^2 \qquad 適正体重 = (身長 m)^2 \times 22$$

※BMI指数は成人用で、子ども用は別の計算式を使います。

②見方

BMI指数は、22のときにもっとも病気になりにくくなります。この値は年齢とともに直線的に上昇し、男女とも40歳で22〜23、50歳で約24、60歳で約26、70歳で27〜28となっています。ただし、アメリカの場合のため、日本やアジアはもう少し低いかもしれません。

肥満度が高くなると、糖尿病、高血圧、高脂血症など生活習慣病の発症確率が高くなります。

③歴史

1835年にベルギーのアドルフ・ケトレーが統計手法を導入して、人の身長に対して適正体重と実際体重を比較するBMI指数を提案しました。

④意義

肥満の正確な測定が困難であるため、簡便的にBMI指数がよく使用されます。また、BMI指数と体脂肪率の間には、たいていの場合、相関が認められます。

⑤判定基準

計算方法は世界共通ですが、肥満の判定基準は国によって異なります。一般社団法人日本肥満学会では、統計的にもっとも病気にかかりにくいBMI指数22を標準体重として、25以上の場合を肥満、18.5未満を低体重としています。

日本肥満学会の判定基準（成人）は、以下のとおりです。

指標	18.5未満	18.5〜25未満	25〜30未満	30〜35未満	35〜40未満	40以上
判定	低体重（痩せ型）	普通体重	肥満（1度）	肥満（2度）	肥満（3度）	肥満（4度）

第1章　食事の場面

第2節

食事に関する表現

食事に関する表現を知っておきましょう。

①食前

　食事の時間を楽しみにしている。食事のメニューを聞きに来る。食事の声かけをすると、笑顔を見せていた。食堂まで、歩行器を使って安定して自力で歩けた。今日のおかずは好物だと言っていた。好きなものしか食べない。食欲がないと食事を拒否。偏食がある。メニューが気に入らない。量を減らしてほしいと要求。食事に関心がない。この席は嫌だ。椅子が合わない。義歯を外してしまう。

②食事中

　箸の運びもスムーズ。さくさく食べた。飲み込みもすんなり。よく噛んで食べている。ペロリと完食。飲み込みが良い。かじりつくように食べた。食欲旺盛。待ちかねたように食べた。おいしいを連発した。味わって食べている。箸が進まない。口を開けにくいようだ。口いっぱい詰め込んだ。飲み込みにくいようだ。食べ物にむせる。食べ物を詰まらせて咳き込む。むせかえることがある。食べ物を口にためこむ。箸を持つ手がぎこちない。食べ物が口からこぼれる。誤嚥が起こる。

③健康状態

　食欲がある。空腹を感じる。食欲が安定している。食べる姿勢がいい。咀嚼力がある。経過を観察する。服薬がきちんとできる。好き嫌いがない。嚥下障害がある。嚥下能力の低下。誤嚥の兆候がある。嘔吐の頻度が高い。カロリー制限がある。脱水症状のおそれがある。消化機能が低下している。

④食後

　完食していた。全量食べた。満腹した様子。半量しか食べなかった。ほと

んど手をつけない。メニューに不満がある。消化不良を起こす。食が細くなっている。水分を控えていた。物足りない様子。

⑤食後のケア

　歯磨きを嫌がる。服薬を嫌がる。服薬用の水を用意。口の中に食べ物が残っていないか確認。お茶を飲んで口の中をすっきり。食休みをとる。嘔吐が治まったので口をゆすぐ。吐き気が治まる。横になって安静を保つ。義歯を洗浄。歯ブラシで口腔ケア。ムカつきの様子を確認。吐瀉物_{としゃ}の確認と処理。食べた物をすべて吐き出す。嘔吐による脱水症状を防ぐ。嚥下能力を確認する。咀嚼能力を確認する。

⑥水分補給

　食事の間も頻繁に水を飲む。ゼリー状に固めた味噌汁を好む。水分を控えがち。スープをすべて飲んだ。食後はお茶をよく飲む。食後は必ずお茶を飲む。十分な水で服薬する。進んで水分を取ろうとする。味の付いた飲み物を好む。湯飲みのお茶はゆっくりだがすべて飲む。嚥下障害で飲みにくい。水は飲みたがらない。脱水症状のおそれがある。のどの渇きを感じにくい。汁物を敬遠する。経口補水液を摂取。飲み込みが悪い。とろみが必要。常にのどの渇きを訴える。誤嚥の兆候がある。食事中の咳き込みに注意する。

⑦間食

　甘いものが好物だ。度々間食している。おやつの時間を心待ちにしている。カロリー制限のため過食を控える。糖分を制限。

⑧服薬

　オブラートで薬を包む。嚥下補助食品でとろみをつけて飲む。薬を舌の上に乗せる。薬を飲み込むまでしっかり確認する。粉薬は服薬ゼリーで薬の苦みを緩和させる。服薬を嫌がる。

第2章　排泄の場面

第1節
排泄の役割

排泄は生命活動を維持するうえで欠かせない行為です。高齢になると自立した排泄が難しくなりがちですが、健康なときは人に見せない行為でもあるだけに、排泄ケアは大変デリケートな問題にもなります。また、排泄は健康状態を知る大事な情報源となります。

❶ 表現を比べてみよう

例①／排泄前の様子

NG

　〇〇さんは、トイレの場所が分からなくなってしまい、焦って廊下を歩きまわっていた。「トイレに行きますか？」と尋ねても無言だったが、トイレへ誘導すると自力で排尿していた。

GOOD

　〇〇さんは、以前は自力でトイレへ行って排泄できていたが、最近トイレに行けずに失敗することが増えている。今日もトイレの場所が分からなくなってしまったのか、普段とは違う表情で、廊下を歩きまわっていた。私が「トイレに行きますか？」と尋ねると、押し黙って下を向いてしまった。〇〇さんと一緒に話しながら歩き、トイレ前で私が「トイレ寄っていきますか」いうと、自分から入って排尿された。

観察POINT｜以前の状況からの変化

文章POINT｜どのようなタイミングで、どこで声をかけたのかを具体的に記載

★ **ポイント解説**

「焦って」のように心情は推測せず客観的な表現をします。「無言だった」ではなく状況を具体的に記載します。

例②／トイレの環境

NG

〇〇さんのトイレに同行し、便器のフタを開くと他の利用者の便が少し便槽にこびりついていた。抗議を受けたので、謝罪し掃除した。気を取り直して排泄した。

GOOD

〇〇さんのトイレに同行し、便器のフタを開くと他の利用者の便が少し便槽にこびりついていた。気付いた〇〇さんから私に、「汚いわねえ。ちゃんと掃除してよ」と指摘を受けたので、「申し訳ありません。すぐきれいにします」と謝罪し掃除した。〇〇さんはその後使用していたが、今後は使用後の便器の確認を徹底することをチーム内で共有する。

観察POINT どのような指摘なのか

文章POINT 指摘内容を具体的な言葉で、改善策を記載

★ **ポイント解説**

抗議やクレームは、指摘や意見と捉えることで、次の改善点となります。また、言葉としても、「抗議」や「クレーム」は使わないようにしています。

「指摘を受けた」ではなく指摘内容を具体的な言葉で記載します。「排泄した」だけでなく改善策をあげます。

例③／排泄時トラブル

NG 　○○さんには毎回、立って排尿しないで、個室で座ってするようにお願いしているのだが、今日は伝えられず、床が尿で汚れてしまった。本人は何とも思っていなかった。

GOOD 　○○さんは立位で排尿すると、立位が安定せず便器の周囲を汚してしまうので、介護職は毎回「座るとお腹に力が入りやすく、おしっこが出やすいので、便座に座ってするようにしませんか」と声をかけてお願いをしている。今日も小便器の前で排尿してしまい、床が尿で濡れていた。○○さんは床を汚したことに気付いていないのか床を見ることもなく、また介護職に声をかけることもなく、トイレから出て行ってしまった。

観察POINT 　排尿状況の詳細、声かけへの反応

文章POINT 　具体的な理由、客観的な事実を記載

★ポイント解説

　男性は、高齢になると前立腺肥大があり、下腹部の筋力も低下するため、座ると残尿もなく排尿しやすくなります。単に「座ってしてください」では長年の習慣は変わりません。トイレの床を汚しても、自分では掃除をしないので気にしない人が多いため、声のかけ方に工夫することが大事です。

　「お願いしている」ではなく具体的な理由を記載します。「何とも思っていなかった」ではなく客観的に書きます。

例④／便失禁

NG　　　〇〇さんが、困惑したように廊下をウロウロしていたので、トイレへ誘導したが、着く前に便が出てしまった。最近頻繁に便失禁がみられるようになってきた。オムツ着用を考えたい。

GOOD　　　〇〇さんが、困惑したような表情で廊下を行ったり来たりしていたので、私から「トイレですか？」と声をかけると「はい」と答えた。〇〇さんをトイレへ誘導したが、近くまで来た時に便が出てしまった。最近週に2〜3回は便失禁がみられるようになり、下着やズボンを汚すことがある。今後、紙パンツ着用の検討や排便間隔の把握、下剤の使用状況を観察し、看護師を交えて話し合いをすることにした。

| 観察POINT | 利用者の行動と表情、羞恥心 |

| 文章POINT | 下着の検討を必要とする現状を具体的に記載 |

★ポイント解説

　下着の検討と排便間隔の把握をします。下剤の調整について専門職に相談します。おむつの着用を考えるのではなく、まず、自立支援の観点からトイレで排泄できる紙パンツを検討します。羞恥心への配慮も大切です。

例⑤／排泄介助のトラブル

NG　　　〇〇さんは自力での衣服の着脱や拭き取りが困難だが、排泄介助には<u>抵抗し</u>、「トイレに行きたい」とも言わない。今日はトイレ前で立ちすくみ、介助者が<u>気付いた時には</u>失禁していた。

GOOD　　　〇〇さんは、自力での衣服の着脱や拭き取りが困難だが、私から「お手伝いします」と言うと、<u>「自分でやるから、いいですよ」と強く介助を断られる</u>。他の介護職から〇〇さんに現状を何度も説明すると、<u>最終的には介助を受け入れることがある</u>が、自ら介護職に、「トイレに行きたい」とは言わない。今日は〇〇さんが<u>トイレ前で立ちすくんでいたのに気付いて</u>、私が「トイレ行きましょうか」と声をかけたが既に失敗していた。

観察POINT　利用者の意欲と現状の能力

文章POINT　状況説明から客観的に記載

★ポイント解説

　「抵抗し」ではなく状況説明から客観的に記載します。「気付いた時には」ではなくどのような状況だったかを書きます。うまく介助できない状況を書き残し、次にどのようにしたらいいのか考える根拠にしましょう。

C
O
L
U
M
N
⑤

尿失敗と失禁の違い

（1）尿失敗

　尿失敗とは、尿意があり排尿したくても、何らかの原因で正しく処理できないために尿を漏らすことです。たとえば、尿意があってもトイレの場所がわからなかったり、手がうまく動かないためにズボンを下ろせなかったりして手間取り、我慢できずにその場で尿が出てしまいます。このような事例を障害や認知症により排泄動作が適切にできない「機能性尿失禁」とする書籍などもありますが、尿失敗はそもそも「尿失禁」のカテゴリーには入りません。

（2）尿失禁

　尿意を知覚できるのが尿失敗であり、尿失禁は尿意を知覚できないことが原因です。尿意の知覚ができたり、できなかったり曖昧なときもありますが、完全に尿意の感覚がなくなることもあります。通常は、尿意を感じても膀胱括約筋を閉めて失禁を防ぎます。そして、適切なところで膀胱括約筋を緩めて尿を排出します。認知症の場合は、膀胱括約筋のコントロールがうまくできずに失禁することもあります。尿失禁の種類は、以下のとおりです。

種類	特徴
腹圧性尿失禁	・咳やくしゃみなどで腹部に力を入れると尿が出る ・女性に多い
反射性尿失禁	・本人の意図に関係なく反射的に尿が出る ・脊椎損傷者に多い
溢流性尿失禁 （横溢性尿失禁）	・貯まった尿がだらだらあふれ出てくる ・前立腺肥大などで膀胱が完全に閉じられない「尿閉」のために起こる
切迫性尿失禁	尿意を感じても膀胱のコントロールができないために尿が出てしまう

❷ 表現を参考にしよう

例①／排泄パターン

　○○さんは、最近トイレの 回数が増 えており、ここ一週間は 就寝後に３〜４回 は、排尿のためにトイレに起きている。今日は 入床後に５回 トイレに起きた。しかし、3回目以降排尿は ほとんどなく、○○さんも「出そうなんだけどね」と言っていた。 排尿がない頻度が高い ので、看護師に報告と相談をした。

観察POINT　トイレの頻度の変化、実際に排尿があるか

文章POINT　排泄回数に変化があった場合の回数、排尿の量を記載

★ **ポイント解説**

排泄回数に変化があった場合、性状も丁寧に観察し医療職に報告します。

例②／トイレへの誘導

　○○さんに私が「そろそろトイレに行っておきませんか？」と声をかけると「まだいいよ」と断った。しかし、最近はトイレに行く途中で、 我慢しきれずに 失敗することがあるため、再度私が「夕食前になると、だんだん混んでくるので、 今行っておいた方が空いていいですよ 」と誘うと、「じゃあ行くかね」と、トイレへ行った。

観察POINT　どのようなときに失敗するか、声のかけ方の工夫

文章POINT 失敗しやすいときの状況、誘導のやりとりを記載

⭐ ポイント解説

うまく行動を引き出せた対応は、他の介護職にもわかるように書き残しましょう。

排泄パターン

❷の例①の場合に考えられるのは、以下のとおりです。

・排尿が出きらず残る残尿

・尿の生成は夜間の副交感神経が優位の時間帯のほうが多いため、睡眠で尿が濃縮する作用が使えないような浅い眠りで、よく眠れていない

・室温の低下のように環境に由来するもの
　対応策として考えられるのは、以下のとおりです。

・残尿があると、**湿っている、温かい、栄養がある**という菌が増殖しやすい状況ができる
　※膀胱炎を起こしやすくなるため受診が必要

・膀胱炎があっても排尿回数が増えるため、特徴である微熱や下腹部痛、排尿時痛の有無を確認

・眠れていない原因を探る

・室温のコントロール

例③／トイレへの誘導

　　○○さんは筋力の低下で中腰姿勢がとれず、手の力も弱く、排便後の拭き取り介助が必要だが、 介助を恥ずかしがって かトイレへは行きたがらず、今日も「そろそろトイレに行きますか」と聞くと「行かないよ」と言われる。私が耳元で囁くように「お尻拭きなら大得意なので、お任せください！」と誘うと、○○さんも「じゃあ行こう」と笑いながら答えたので、一緒にトイレまでいく。

観察POINT 　何に抵抗を感じてトイレに行かないのか

文章POINT 　どのような介助が必要か、誘導の具体的な言葉、プライバシーへの配慮を記載

★ポイント解説

周囲と利用者本人のプライバシーに配慮して小声で囁きましょう。

例④／排泄時の様子

　　腰痛が悪化した○○さんは、排泄時にウォシュレットでの 洗浄は自力でできるが、拭き取りは自分では難しい 。昨日、私が○○さんの排泄動作が心配で見守ってみたが、「見られてると、やりにくいわ」と言っていたので、今日は「終わったら声をかけてくださいね」と伝えると頷かれる。私がドアの外で待っていると○○さんの「終わりましたよ」との声が聞こえたので、中に入って拭き取りの介助をした。

第
2
章
・
排
泄
の
場
面

観察POINT　排泄の動作能力、プライバシーへの配慮

文章POINT　本人の意向、具体的な言葉で、プライバシーを尊重して
記載

★ポイント解説

　拭き取りのみ介助が必要で座位も安定しているため、見守りは必要ありません。プライバシーに配慮して中での見守りは実施しないようにします。

例⑤／排泄のコントロール

　　○○さんは、朝食後にトイレへ誘導した際は排便がなかったが、その後すぐに○○さんから「ごめんなさい。汚してしまいました」と私に声をかけてきた。以前はトイレ行くときは毎回自分からスタッフに「トイレへ連れて行ってください」と声をかけてきたが、この1〜2か月、声をかけられることがなかった。今後はチーム内でこのことを共有して、排泄間隔を確認し、声を介護職からかけるようにする。

観察POINT　失敗前のトイレからの時間、排尿や排便の間隔

文章POINT　失敗した時の様子、以前と比較しての変化を記載

★ポイント解説

　頻繁に声をかけるのではなく、排泄の間隔や行動パターンを把握し、先を読み、声をかけることが大事です。これをプロアクティブケア（proactive care）といいます。

例⑥／排泄時トラブル

夕食後、○○さんが便意を訴えたので、トイレに誘導したが、便座に座ろうとした時に排便してしまった。紙パンツの中だったので衣服は汚さなかったが、しきりに「すみません。すみません」と謝っていた。便は泥状の軟便だった。4日前から便秘が続き、今日から下剤が処方されていたのだが、医師に状況を伝えたところ、薬の量を見直すとのことだった。

観察POINT　失敗したときの状況、要因、便の性状、利用者の心情

文章POINT　失敗に至った経緯、失敗したときの様子、具体的に、専門職への報告を記載

★ ポイント解説

　排便の失敗は自尊心を傷つけ、自信をなくすことにつながるため、すぐに改善できるように働きかけましょう。

例⑦／排泄物の性状・量

昨日の朝食後、○○さんは排便コントロールのために下剤を服用したが効き過ぎて、午後は下痢になり、水様の便が出ていた。そのため、看護師に相談し、昨日の夕食後から下剤の服用を中止した。今日は朝食後には排便はなかったが、10時過ぎに便意の訴えがあり、トイレへ行ったところ、ソーセージ1本分の硬さも普通の健康的な便が出た。

観察POINT　下剤服用後の経緯や効果、前日・当日の便の性状、量、回数

文章POINT　前日までの様子、便の性状・量・回数は具体的に記載

⭐ **ポイント解説**

　排便の状況はその日の活動を左右するため、把握した結果は必ず記載しましょう。

例⑧／排泄物の性状・量

　○○さんは 2日間 、排便がなかった。3日目の今日も朝食後、7時30分にトイレへ行き、2〜3分トイレでいきんだが、排便はなかった。○○さんに私が「また後にしましょうか」と聞くと、「もう少しで出そうなんですけど」と言うので、1〜2分ほどお腹を「の」の字にさすってみたところ、兎糞状のコロコロした硬便が4粒 出た。○○さんは「まだすっきりしないけど、また後にするわ」と言っていた。

観察POINT　どれくらい便秘日数が続いているか、便の性状、量、回数

文章POINT　排便時の様子、排便後の様子、利用者の言葉、便秘日数、便の性状・量・回数を記載

⭐ **ポイント解説**

　利用者の言葉から残便感がわからないときは、腹部の状態も記載しましょう。

　　最近〇〇さんは、排泄した後2回に1回は水を流し忘れるようになったので、トイレを出る際には介護職から声をかけるようにしている。今日は朝食後の排便を済ませた後で、〇〇さんに私が「流されましたか？」と声をかけると「流しましたよ」と答えていたが、後で確認すると流していなかった。認知機能の低下もあるかもしれないので、主任に報告した。

観察POINT｜排泄後の行動の変化、変化の頻度

文章POINT｜具体的な状況、利用者とのやりとり、上司への報告を記載

★ポイント解説

他の介護職と情報を共有して、変化に気づけるようにしましょう。

COLUMN⑦ 「の」の字マッサージ

　　お腹の「の」の字マッサージは、便秘で便が滞留しやすい大腸のS状結腸を刺激します。方法は、以下のとおりです。❷の例⑧のような場合のケアに役立ちます。

①大腸の蠕動（ぜんどう）運動の方向に沿って、「の」の字を描くように

②へその下→右下腹部→へその上→左下腹部と時計回りに

③手のひらで1〜2cmくらい、沈むくらいの力加減で指圧しながら

④円を描くように押す

例⑩／排泄後のケア

　　○○さんは足腰が衰え、中腰の姿勢を保つのが難しくなってきている。夕食後にトイレへ行き、排便後お尻を浮かせて、自分でズボンを上げようとしたが、ふらついて転倒しそうになった。○○さんが自力では難しそうなので、私から「お手伝いしますよ」と声をかけ、身体がふらつかないように支えながら、ズボンと下着を上げるのを介助した。

観察POINT　動作能力、どのような介助がどのくらい必要なのか、転倒の危険性

文章POINT　転倒リスクに対する対応、動作能力、介助の内容を具体的に記載

★ポイント解説

動作能力の低下から、転倒リスクを予測しましょう。

例⑪／下痢の様子

　　朝食を終えた8時頃、○○さんの車椅子を押してトイレに誘導した。○○さんを車椅子から便座に移乗介助後、水分の多い泥状便が中等量出た。その30分後にも○○さんが「うんちがでそうだ」と言われたので、再びトイレに一緒に行った。前の便よりも水っぽい便を少量排泄。排泄後、介助にてズボンを履いたところで、○○さんが「また出そうです」と言われ、水様便を多量に確認。排便間隔が短く回数も多いため、医療的な介入が必要と感じ、看護師に相談する。

| 観察POINT | 時間帯、利用者の訴え、便の性状・量・回数 |

| 文章POINT | 排便した時間、回数、状況、どのような便が出たかを記載 |

★ ポイント解説

状況が読み手により具体的にイメージできるように記載します。

例⑫／健康状態の確認

　　○○さんは 10日前から 下痢が続いていた。すぐに病院に受診し医師からは過敏性腸症候群と診断され、3日目から改善薬を処方されているが、今日も朝食後に 水様便が中等量 出た。○○さんはここ数日、時折「家に帰りたい」と言っているが、今日も「いつになったら家に帰れるんだろう」と呟いていた。ストレスがたまっていることも考えられるので、次回の診察で医師に伝えるか主任に相談する。

| 観察POINT | 治療中の病気、いつから下痢をしているか、排便の性状・量・回数 |

| 文章POINT | 現在の治療中の病名、状況を具体的に記載 |

★ ポイント解説

気になる点はそのままにせず、専門職に相談しましょう。

例⑬／排尿の異常

　　○○さんはここ2週間、10～30分ごとにトイレに行く。歩行時にふらつきがあるので、介護職が付き添っている。実際に排尿があるのは、4～5回に1回だけで、今日も昼食後の5時間で、16回トイレへ行き、そのうち6回排尿している。トイレで排尿量を計ると1回50ml程度。私から看護師に相談し、泌尿器科を受診するか検討することとなった。

観察POINT　排尿の間隔・回数の変化、実際に排尿している量

文章POINT　排尿の頻度・量、数値にして具体的に、専門職への相談を記載

★ ポイント解説

　「頻回な」という表現ではなく、「○回中○回排尿」と数値で表現しましょう。

例⑭／排泄介助のトラブル

　　○○さんは、排便時に衣服や便器を汚してしまうので、介助が必要だが、介助されることを強く断る。今日も朝の排便後、私が拭き取りを介助しようとすると○○さんが「やめてください！」と手を払った。私もすぐに介助はせず、「難しい時は声をかけてくださいね」と伝え、○○さんが自分で拭き取るのを見守った。最後に私から「少しだけ整えますね」と○○さんに伝えながら、手早くお尻を拭いた。

どんなときに何を介助されるのを断るのか

断られたときの会話内容、対応を具体的に記載

★ ポイント解説

無理に介助を続けるのではなく利用者のタイミングに合わせましょう。

例⑮／皮膚の状態

　　○○さんは3日前から下痢が続いていた。今朝の排便時、オムツで擦れた部分のかぶれが悪化し、炎症部位が広がっているのに気付いた。看護師に報告した上で、排泄後ベッド上で側臥位を取り、ぬるま湯で肛門周りを洗浄。その後柔らかいタオルで、軽く押さえるように水滴を拭き取り、指示があった○○軟膏を塗った。患部を洗浄している間「これは気持ちいいなあ」と言って、目を閉じ、うつらうつらしていた。

観察POINT 皮膚の以前の状態との比較、利用者の反応

文章POINT 皮膚の状態の変化、対応、利用者の反応を具体的に記載

★ ポイント解説

　ベッド臥床でおむつ使用の利用者の例です。患部への対応は、詳細に記載しましょう。

例⑯／排泄の自立

〇〇さんは2か月前、急性の肺炎を発症した。病気は治癒したが、 トイレに行くのが難しく 、 まだ尿取りパッドを使っている。ここ一週間ほど食欲が戻り、 自発的に歩く など身体も動かし、少しずつベッドにいる時間が減っている。今日は自分から私に 「トイレに連れて行ってくれ」 と希望され、 「いつまでもオムツはしてられないから」 と言われる。〇〇さんとトイレまで一緒に行き、排泄動作を見守る。

観察POINT 病後の体調、心境の変化

文章POINT 現状、具体的な言葉を交え自立への意欲を記載

★ ポイント解説

常に利用者の想いを優先し、自立支援の視点を忘れないようにしましょう。

第 2 節
排泄に関する表現

排泄に関する表現を知っておきましょう。

①排泄前・トイレへの誘導

　トイレに誘うのに声をかける。便座に腰かける。声をかければ座位で排尿。立位での排尿を求める 。失敗を防ぐため、早めにトイレに誘う。自分から声をかけてトイレへ行く。自分からトイレに行きたいと言い出せない。〇分に〇回トイレに行く。失禁のおそれがあるのでトイレに誘導する。トイレの場所がわからなくなる。トイレの周りを歩き回る。便器に座っても排泄することを認識しない 。

②排泄時

　汚さずに排尿する。水分を取っているので排尿はある。なかなか便が出ないのでいきむ。しっかり足をつけて踏ん張る。便通はあるがやや軟便気味だ。なかなか便が出ないので、お腹をさする。 水分の取りすぎか、尿の回数が多い。排尿の度に便器の周りを汚してしまう。いきんでいたが、結局排便はなかった。便座に座り、パンツを下ろす前に排便してしまう。毎回、下痢気味だ。トイレに行きたいと言えない。

③排泄物

　便がやや水っぽい。水様便が大量に出る。コロコロした硬便が出た。何度もトイレに通い下痢気味の軟便を排泄。便が硬くてなかなか肛門から出ない。便に血が混じっていた。バナナ１本分位の大きさの健康的な便。

④排泄後

　自力でズボンを上げられる。しっかり拭き取りができていた。便秘が解消され、表情が和らぐ。便が出て、腹痛が解消された。身体を支えれば拭き取りは自分でできる。拭き取りがあまく、下着を汚してしまう。排便後、すぐ

にまたトイレに駆け込んでいた。排便はあったものの、硬便が十円玉大出た
だけだ。排尿で便器の周囲を汚してしまう

⑤下痢・便秘

便秘の解消のため、下剤を処方された。下痢が収まってきたのか、トイレ
に行く回数が減った。下痢が治まり、トイレに行く回数が減った。水様便か
ら泥状便に変わった。食べ過ぎて下痢気味だ。便秘が続いて苦しむ。水様便
に血が混じる。ここ3日間、排便がない。下痢が続き、肛門の周囲が炎症を
起こしていた。

⑥失禁

オムツをつけてから、以前より失禁は減った。早めのトイレ誘導で失禁を
防ぐ。今日から紙パンツに切り替える。オムツ交換の頻度を検討する。昨夜
はぐっすり眠れたためか、失禁はなかった。オムツに切り替える。下着を汚
してしまう。失禁して落ち込む。このところ、よく失禁するようになった。
オムツの中がかぶれてしまった。尿もれに自分では気付いていない様子。ト
イレが間に合わず、パンツの中に失禁してしまう。

第1節
入浴の役割

入浴では、身体が温まり血行が良くなり、老廃物が排出され疲労回復やリラックス効果につながります。その反面、体調が変化しやすいため、入浴中だけでなく前後の変化にも注意しましょう。また、いつも洋服に隠れている部分が見られる貴重な機会なので、意識して全身状態を観察しましょう。

❶ 表現を比べてみよう

例①／バイタルサイン

NG
「お風呂に早く入りたい」と〇〇さん。「お風呂の前に体調を確認しましょう」と体温を測ったら、37.5℃だった。微熱があるようだ。

GOOD
　〇〇さんから入浴前に「ちょっとしんどいんだけと、お風呂入っていい？」と言われた。朝の体温は36℃で、普段と変わりなく過ごされていたが、顔が少し赤く、〇〇さんに許可を得ておでこを触ると少し温かい。体温を計ると37.5℃。血圧132／80mmHg、脈拍80回／分と正常。私が「熱があるので無理してお風呂に入るのはやめませんか」と〇〇さんに伝えると「しょうがないね」と言われ入浴は中止し、着替えと清拭をした。

観察POINT　顔色・動作などの普段との違い、バイタルサインの確認

文章POINT　判断の根拠を記載

★ ポイント解説
　顔色や動作の変化、バイタルサインの数値から判断の根拠を記載します。

例②／脱衣所の環境

NG 　〇〇さんに、入浴の時間が近いことを伝えバイタルチェックをした。着替えを脱衣所に置いたあと、濡れていた床をモップで拭いて、室温を上げた。

GOOD 　〇〇さんの入浴時間が近くなったので、バイタルチェックした。体温36.2℃、血圧126／78mmHg、脈拍72回／分。〇〇さんと一緒に浴室に向かい、私が先に脱衣室に入り着替えを置くと 床のあちこちが濡れている ためモップで床を拭いて、 寒がりの〇〇さんに合わせて 脱衣所のヒーターの室温を2度上げた。〇〇さんに私が、「脱衣所をきれいにして、温かくするので5分程待っていてください」と伝えると〇〇さんは「テレビを観て待っているから、いいわよ」とソファで待たれた。

観察POINT 転倒につながる危険な状況はないか、環境は快適か

文章POINT バイタルサインの数値、環境の確認、状況を伝えたときの反応とその後を記載

★ **ポイント解説**

　入浴時はけがをしやすい状況のため、より安全に介助できるように心がけましょう。

❷ 表現を参考にしよう

例①／入浴前の様子

　　○○さんはいつも入浴に誘っても、なかなか入浴されない。今日は、普段から「腰が痛いの」と言われているので、入浴前に、「以前、身体を温めたら、腰が楽だとおっしゃってましたね」と伝えると、「そうだったかしら。じゃあ入った方がいいね」と言われ、自ら進んで着替えを用意して浴室にむかった。

観察POINT　普段の様子、意欲を引き出すような声かけ

文章POINT　利用者とのやりとりを記載

★ ポイント解説

やりとりは言葉を略したりせず、そのまま記載します。

例②／排泄の有無

　　○○さんは便秘３日目。私が「お風呂の前にトイレに行きますか？」と○○さんに言うと「行きましょうか」と同意された。便座に座ってすぐに少量の排尿あり。○○さんは「うんちはなかなか出ないわね」と便意はあるようだが、しばらく座っていても排便はなく、浴室に向かわれ入浴した。○○さんが入浴中、「なんかおなかが、、、」と私に言われるので、早めにお風呂を出てトイレへ行った。排便が卵半分程度あった。

観察POINT　入浴前の排泄の確認、トイレへの声をかけたときの反応

文章POINT　トイレ誘導前の排泄の有無、便意を訴えられたときの対応を記載

★ ポイント解説

　入浴時は身体が温まり、腸の動きも活発となるため、尿意や便意を感じやすくなります。予測しながら介助にあたり、尿意や便意の有無を記載できるようにしましょう。

例③／トイレへの誘導

　入浴前、〇〇さんに「トイレに行きますか」と声をかけるが、「まだいいよ。先に風呂に入らせてくれよ」と返事があった。〇〇さんは入浴好きであるが、排尿間隔が短いため、「今トイレに行くと、ゆっくり入浴できますよ」と私が再度伝えると、「まあ、さっき行ってから大分経つからな」と言って、自らトイレに行った。

観察POINT　普段の排泄の間隔、利用者に行動を促す声かけ

文章POINT　入浴に対しての想い、会話のやりとりはそのまま記載

★ ポイント解説

「頻尿」は病名となるため、診断がないのであれば言葉として使いません。

例④／脱衣所への移動

　　○○さんは、施設利用２日目で初めての入浴。自ら着替えを準備して、ふらつくことなく歩き脱衣所に移動したが、あわてて部屋に戻ってきた。○○さんに聞くと「誰かいるから…」と言われた。浴室では前の方が入浴後着替えされていたので、私が○○さんに「では、前の方が終わった後に一人で入れる時間に行きましょうか。」と話すと、「わかった。ああよかった」と言われた。○○さんが入浴する際は、前の方が着替え終わってから声をかけることをチームで共有した。

観察POINT　移動方法、動作能力、羞恥心

文章POINT　移動動作能力の状況、心情の変化、その後の対応を記載

★ ポイント解説
利用者の想いに寄り添った対応を心がけましょう。

例⑤／脱衣の様子

　　○○さんは立ったままズボンを脱ごうとして、足がよろけてしまった。私がすぐに身体を支え、「椅子を使いますか？」と声を掛けたが、「そんなのなくても大丈夫だよ。まだ若いから」と、声を荒げた。○○さんは、いつも「自分でできることはやる」と口癖のように何度も言われていた。私は○○さんに、「手すりを利用しながら」、ズボンを脱ぎましょうか」と伝え、すぐ支えられる距離で見守った。

観察POINT　安全の確保、残存能力を活かしながら介助

文章POINT　利用者の意向・気持ちが表れた言葉・行動を記載

★ **ポイント解説**

会話から利用者の意向や気持ちが表れた言葉を記載します。

例⑥／脱衣所での状態

　　○○さんが浴室から脱衣室に行くとくしゃみをした。○○さんは普段は時間がかかっても自力で着衣するが、私に「ちょっと寒いわね」と言うので、脱衣所の室温を上げて、介助で身体を拭き手早く着衣した。脱衣室と浴室の室温に差が4℃あった。チーム内でこの状況を検討し、差をなくし、ヒートショックへの注意をすることとなった。

観察POINT　室温の差、環境の確認

文章POINT　寒さを感じたときの対応、ヒートショックへの注意、今後の対策を記載

★ **ポイント解説**

冬場は保温に注意し、体調が変化しないように環境を整えます。

例⑦／身体の様子

入浴前に〇〇さんの身体を見ると、左肘と臀部左側に新しい1cm×1cmのあざが2つある。〇〇さんに私が「どこかで転んだり、ぶつけたりしませんでしたか？」と聞くと、「いや。そんな覚えはありません」と答えた。痛みも〇〇さんに確認するが、ないとのことなので、主任に相談した。初期認知症の疑いもあるので、入浴中は注意深く見守ることを助言された。

観察POINT　外傷・皮膚などの変化、全身の確認

文章POINT　観察した結果のけが・傷の状態、痛みの有無、利用者との会話を記載

★ ポイント解説

入浴時は全身をチェックするチャンスです。変化を見落とさないようにしましょう。

例⑧／身体の様子

〇〇さんの背中を私が介助で拭いていると、「ちょっとフラフラするわ」と言うので、椅子に腰かけて5分休んだ。顔色は良く、意識もはっきりしてはいたが、普段から貧血傾向で、立ちくらみすることもある。念のためにバイタルサインのチェックをした。体温35.4℃、血圧138／81mmHg、脈拍65回／分といずれも入浴前と変わらなかった。私が気になったので、看護師に状況を報告した。

| 観察POINT | 持病、普段の体調、入浴後の体調変化、会話のやりとりの様子 |

| 文章POINT | 体調変化への対応、バイタルサインチェック、看護師への報告を記載 |

★ **ポイント解説**

　入浴後に体調が変わることがあるため、変化に気づいたときは書き残しておきましょう。

例⑨／身体の様子

　脱衣所で○○さんが下着を脱ぐと、臀部を掻きむしった跡があった。私が「おしりが痒いことがありますか？」と聞くと、○○さんは「ああ。パンツの中が蒸れて痒いんだよ」と言った。出血痕があり、かさぶたも残っていたが、まだ赤くなった範囲は１cm大。看護師に報告と相談をし、取り急ぎご家族に肌へ刺激の少ないパンツの準備を依頼することとし、経過を見ることとなった。

| 観察POINT | 皮膚に傷・発赤^{ほっせき}のようなトラブルがないか、全身を確認 |

| 文章POINT | 会話の中から導き出した原因、看護師へ状況の報告・相談、その後の対応を記載 |

★ **ポイント解説**

　皮膚のトラブルは、早期発見・早期対応が重要です。

例⑩／浴室の状態

今夜の大浴場の順番は、○○さんが最後。私が浴室のチェックのため、ドアを開けると 入口付近に椅子や洗面器が置かれており 、つまずくおそれがあった。そこで、○○さんの部屋に行き、「着替えのなどの準備を整えて待っていてもらえますか」とお願いして、急いで浴室の椅子などを元の位置に戻した。○○さんに声をかけ浴室に移動し入浴した。業務連絡ノートに最近、浴場の整理整頓が徹底されていないため、申し送り事項に追加した。

観察POINT 転倒につながる危険な状況はないか

文章POINT 危険性の除去、利用者の理解、危険予測、チームでの共有を記載

★ ポイント解説

浴室内の事故はけがに直結するため、環境整備には一層の注意が必要なことがわかるように記載しましょう。

例⑪／プライバシーへの配慮

○○さんは 少し脚の筋力が落ちていて 、肌着やズボンを脱ぐときに自力ではできるが ふらつきがあった 。今朝の○○さんは、脱衣にいつもより時間がかかっているため、私が「手伝いましょうか」と声をかけ、顔を見ると、○○さんは「あまり見ないで」と答えた。私が○○さんに「すみません。見ないようにしますね」と謝り 背中側に回って 、何かあればすぐ対応できるような姿勢で、見守りを続けた。

観察POINT | 動作能力、転倒への危険性、プライバシーに配慮した見守り

文章POINT | 会話、利用者の反応、尊厳を尊重した声かけを記載

★ ポイント解説

　同性であっても、動作の観察が必要であっても、常に利用者の羞恥心やプライバシーに配慮して支援します。利用者の羞恥心を理解できるように、気づきは書き残しましょう。

例⑫／浴室内への移動

　○○さんは、ふらつきが見られるため、今日からシャワーキャリーを利用することになった。脱衣所では、シャワーキャリーに座ったまま自力で脱衣を済ませた。移動はシャワーキャリーなので、私が動かそうとすると○○さんは「これは楽でいいけど、何か悪いねえ」と言うので、「いいえ、車輪が付いているから、それほど重くないので楽ですよ」と答えると「ありがとう」と言われ、頷かれる。そのまま浴室へスムーズに移動できた。

観察POINT | 能力に合わせた用具の選択、初めて使う用具に抵抗はないか

文章POINT | 用具使用の受け入れ、介助への遠慮、発言と状況で記載

★ ポイント解説

単に楽だから用具を使用したのではなく、きちんと必要性を判断したうえ

で使用したことがわかるように、根拠を示して記載しましょう。

例⑬／浴室での様子

　　浴室の室温は24℃だが、○○さんの身体には 鳥肌が立ってい
た 。シャワーで身体を温め洗ったあと、浴槽に浸かったが、ずっ
と「寒いわね」と繰り返していた。入浴前の検温では36.5℃。
入浴後にもバイタルサインをチェック したが、36.7℃と変化
はなく、私が○○さんに「まだ寒気がしますか？」と聞くと、「今
はそれほどでもないわ」と答えた。看護師に相談し、経過観察
することになった。

観察POINT　身体の異変の状態、異変時のバイタルサインの確認

文章POINT　悪寒を訴えたときの状況、対応、専門職への相談を記載

★ ポイント解説
　異変に気づいたときは周囲に相談し、必要であれば専門職に報告しましょう。

例⑭／浴槽内での状態

　　○○さんは右足に軽い麻痺があり、身体が右に傾く ことがあ
る。理学療法士と入浴方法を相談し、今日は浴槽の右の角に体
を預けるように入ってもらった。入浴中は安定した良い姿勢で
座れ、○○さんは「いつもより座りやすくて、いい感じ ですね」
と言っていた。普段は2〜3分で すぐに浴槽から出る のだが、
今日は いつもより長く 10分近くお湯に浸かることができた。

観察POINT｜いつもの状態、姿勢修正後の変化

文章POINT｜どのように姿勢を修正したのか、結果を具体的に、入浴時間を数値で記載

★ **ポイント解説**

　入浴状況は介助した人にしかわからないため、情報は共有できるようにしましょう。

例⑮／入浴中の様子

　　○○さんは、 普段３分も浴槽に浸かると出られる が、 今日 は３分過ぎても入っている ので、私が「いつもより長く浸かってますが、大丈夫ですか」と声をかけると、「もう少し入らせてくれよ」と、鼻唄交じりで答えられた。声をかけたときの 反応 にも変化はない ため、見守る。 浴槽にいた時間は約９分 だが、 その後の動作は安定 していた。今日の外気温は前日より５℃低い16℃であった。

観察POINT｜普段の入浴時間との比較、動作や反応に変化がないか

文章POINT｜会話を交え、やりとりを具体的に、入浴時間は数値で記載

★ **ポイント解説**

　入浴時間が長くても、異変がなければ見守ることが必要です。

例⑯／洗髪の様子

　　○○さんは右脚に麻痺があって立位の保持が難しい。普段は介助者が洗髪するが、今日は○○さんが「髪を自分で洗ってみたいわ」と言うので、シャワーチェアの使用を提案し、座ったまま自分でゆっくりと洗髪を始める。時折、髪を洗っていると右側に傾くので、2～3回座り直したが、その都度自分で姿勢を立て直しながら、最後まで洗髪ができた。

観察POINT　姿勢保持の状況、安全に配慮した自力での洗髪

文章POINT　利用者の発言、希望への対応、洗髪動作の状況を具体的に記載

★ ポイント解説

　利用者が自分でできることは介助せず、時間がかかっても見守るようにしましょう。

例⑰／着衣の様子

　　○○さんは左腕に麻痺と軽い認知症があるので、いつも介助にて着衣する。しかし、今夜はゆっくりとではあるが、上衣は自力で着ることができた。私が○○さんに「今日はご自分だけで、袖がうまく通せましたね。すごいですね」と言ったら、「そうかしら」と表情は笑顔に見えた。

観察POINT　残された能力、動作後の反応、意思の確認と尊重

文章POINT　心情の変化、自力動作への促し、利用者への声かけを記載

★ ポイント解説

利用者が自分でできたことは、その場で本人に伝えるようにしましょう。

```
例⑱／水分補給

　　○○さんは長湯したためか、少し顔が赤い。体温を測定す
ると、36.5℃といつもよりやや高め。呼吸も35回／分と少
し早い。コップに常温の水を入れ、○○さんに私が「ゆっくり
飲んでくださいね」と声をかけ手渡した。○○さんは一気に飲
み干しそうになったので、私が「少しずつ飲んでくださいね」
と伝えると、「ああ、そうだった」と、一旦飲むのをやめ、再び
ゆっくりと飲み始めた。
```

観察POINT　入浴後の顔色、水分補給の様子、バイタルサインの数値

文章POINT　変化があるときの体温・呼吸数の数値、水分補給の促しを記載

★ ポイント解説

入浴後の水分の補給は重要です。摂取状況は記録しましょう。

第2節
入浴に関する表現

入浴に関する表現を知っておきましょう。

①入浴前

　バイタルサインを確認する。入浴に誘う。入浴の利点、効果の理解を促す。入浴の楽しさを話す。着替えを用意する。脱衣所と浴室の環境を見る。湯温を一定に保つ。風呂に水を足してうめる。脱衣所と浴室の室温を管理する。補助具の確認をする。温度差が大きい。室温設定を変更する。トイレに誘導する。入浴を控えてもらう。血圧が平常値を上回る。平熱よりも若干高い。不整脈が出る。

②脱衣所

　椅子の位置や補助具の確認。着替えやすい環境を整える。室温の確認。自力で脱衣する。脱ぐときは、麻痺のないほうから。脱衣の介助。シャワーキャリーで移動する。腰をかけて脱衣する。脱衣を促すが、されない。足がふらつく。プライバシーへの配慮。転倒のおそれがある。足場を確保する。手すりにつかまってズボンを下げる。袖をたぐり寄せる。袖を引いて腕を抜く。

③身体の様子

　皮膚の乾燥が見られる。掻（か）き壊し痕（あと）がある。初期の褥瘡（じょくそう）が疑われる発赤（ほっせき）がある。打撲したような痕がある。内出血が見られる。表皮剥離（はくり）がある。

④入浴中

　温まる。気持ちがいい。きれいになる。さっぱりする。洗顔、洗髪ですっきり。肌がツルツルしてきた。リラックスした表情。姿勢が安定する。溺れないように安全確保。顔が赤い。頬が赤い。長湯する。熱中症のおそれがある。足を折り曲げて入浴する。入浴中に便意をもよおす。姿勢が不安定。

⑤入浴後

　さっぱりした。頭髪がすっきりした。気持ちよくて、眠い。体が冷えない
よう室温を上げた。意識はしっかりしていた。湯あたりしたようで、水分補
給。貧血気味で姿勢が不安定。転倒の危険を避ける。腰をかけて休む。バス
タオルで体を拭く。

⑥着衣

　着替えたら、気持ちがいい。洗い立ての下着は気持ちがいい。着るときは、
麻痺のあるほうから。湯冷めしないように早く着替えた。袖に腕を通す。手
を借りずに着衣する。

第1節
疾患・与薬の理解

高齢者は複数の疾患を持ち、多くは慢性化し、治癒はせず継続的に治療が必要となります。また、複数の疾患と服用する薬剤の多さで、複合的に症状が出るために、症状もその兆候も非定型です。介護職員には、変化を気づける細やかな観察が必要です。

❶ 表現を比べてみよう

┌─ 例①／疾患の把握 ──────────────────────

NG　今日は〇〇さんの食欲がない。心なしか、顔色も良くないように見える。糖尿病の持病があるので、そのせいかもしれない。今日は一日様子を見ることにした。

GOOD　〇〇さんは、いつも食事を8割は摂取するが、今日は、昼食を5割しか摂取しなかった。〇〇さんに私が声をかけると、「あまり食欲がない」と言った。食後すぐに「だるい」と〇〇さんは言って、すぐに自室に戻り、ベッドに横になった。〇〇さんには糖尿病があり、前日に医師に勧められた新しい内服薬を変えたばかりであった。看護師に相談して、主治医に連絡。今日の夕食後と明日の朝食後の薬は中止し、経過観察することとなり明日受診となった。

└────────────────────────────────

観察POINT　食事量の変化、発言内容、内服薬

文章POINT　数値化した食事量、発言と行動、内服薬変更による対応を記載

ポイント解説

「食欲がない」ではなく食事量を数値で示します。「心なしか」「ように見える」という曖昧（あいまい）な表現は避け、発言や行動を記載します。

例②／副作用

NG

慢性気管支喘息の持病がある〇〇さんの声がかすれている。吸入薬の副作用のようだ。いつも使用後にうがいをしているが、今日は「忘れた」とのことだった。

GOOD

〇〇さんは、慢性気管支喘息で吸入ステロイド剤を使用していた。今日は朝からずっと声がかすれていた。〇〇さんに私が「のどの具合はどうですか」と聞くと、「イガイガする」とのこと。いつも吸入後にうがいをするが、〇〇さんは「今日は忘れた」と言う。使用後にうがいをしないと薬剤が口腔内やのどの粘膜に残り、炎症を起こすことがあるため、今後、吸入は洗面所の前で行い、その後うがいすることを説明すると、頷かれる。

| 観察POINT | 利用者の言動、自覚症状の確認 |

| 文章POINT | 実際の言動や症状を具体的に、対応した際の利用者の反応を記載 |

ポイント解説

「副作用」とは具体的にどのようなものか記載します。「ようだ」ではなく客観的に書きます。

例③／服薬トラブル

NG　　認知症がある〇〇さんは、今日も薬を飲み忘れた。指摘すると、「とっくに飲んだよ」と怒声を上げた。残っている薬を見せたら、やっと納得してくれた。

GOOD　　〇〇さんは、軽い認知症がある。私が部屋に置いてある残薬を確認すると朝食後の薬を飲み忘れていた。私が〇〇さんに「お薬が残っていますね」と伝えると、「とっくに飲んだよ」と言葉を強めて言った。私が〇〇さんに未開封の薬の袋を見せると、一瞬戸惑った顔をしたが、「どうやら忘れたようだね」と言った。看護師に相談し、看護師から医師に相談すると、「その分を食間に飲み、次の服用までに時間をあけるように」と指示を受けた。

観察POINT　薬の飲み忘れを発見した状況、事実確認とその反応

文章POINT　発見した状況、利用者本人に確認した際の反応、薬の飲み忘れへの対処についても記載

★ **ポイント解説**

「今日も」ではなく今日のいつなのか具体的に記載します。「怒声」というネガティブな表現は基本的には控えます。

❷ 表現を参考にしよう

┌─ 例①／疾患の把握 ──────────────────────

　　○○さんが、朝食時に私に「昨日の夜からめまいがして、ふらふらする」と体調不良を訴える。バイタルサインは、体温36.2℃、血圧186／118mmHg、脈拍90回／分。高血圧症が既往にあり、昨日と比べても血圧は高いが、歩行に変化はない。朝食後の薬には降圧剤があり、食後に服用する。看護師には電話にて報告し、あまり動かず、経過を観察してほしいと言われた。○○さんには私から「ベッドに横になって少し様子を見ましょう」と伝えるとうなづいた。

└──────────────────────────────

観察POINT	利用者の言動、自覚症状の確認、バイタルサイン、動作能力

文章POINT	バイタルサインの具体的な数値、歩行状態、前日との比較、その後の対応を記載

★ ポイント解説

高血圧が原因となる病気も多いため、異変には早期に対応しましょう。

例②／医師からの指示

　○○さんは、筋萎縮性側索硬化症（ALS）で経腸栄養で栄養を滴下している。ここ 1週間下痢が続く ため、体質を考慮して医師の指示で新しい栄養剤を試すこととなった。栄養剤の注入が終わるまで訪問看護師とともに付き添い、発語が難しい○○さんだが、「気分は悪くないですか」と私が声をかけると、「大丈夫」とゆっくりと答えた 。体調には変化はなく経腸栄養の滴下は終了した。

観察POINT　下痢の状況、経管栄養剤変更後の滴下時の状況、利用者の反応

文章POINT　栄養剤の変更理由、変更後の状況の詳細を記載

★ポイント解説

　筋萎縮性側索硬化症（ALS）は、会話の理解は良好なことが多いため、利用者に確認をとりながら対応しましょう。

例③／看護師からの指示

　○○さんは、ここ 1週間ほど歩行時に よくバランスを崩しそうになる 。○○さんはパーキンソン病で、医師からも、「姿勢反射障害の可能性がある」と言われていた。午前11時ごろにも、○○さんはトイレに行こうとしてバランスを崩したため、私が両手で支えると 「歩くのが怖い」と言う ので、一緒にトイレまで歩行する。看護師からは明日の受診時に歩行状態は、医師に報告するので、今日は様子を観察してほしいとの指示を受けた。

観察POINT 歩行状態、言動

文章POINT 具体的な動作、対応、看護師との連携、観察する理由を
記載

⭐ポイント解説

歩行状態や言動をなるべく具体的に、詳細を記載します。

例④／家族からの話

　　○○さんは、一時帰宅し今日施設に戻った。息子さんから、「昨晩、浴室で転んだが休日のため受診していない」とのこと。○○さんの了解を得て、ベッドの上で 全身を確認 すると大腿部側面に500円玉ほどの黒紫色のあざがある。「痛みますか？」と聞く と、「とても痛い」と言う。○○さんは、関節リウマチと骨粗鬆症もあり、主治医に連絡し、明日受診し骨折の有無を調べる こととなった。

観察POINT 息子さんの報告から全身に異常や痛むことはないかの
確認

文章POINT あざを発見するまでの経緯、あざの状況、痛みの有無、
その後の対応を記載

⭐ポイント解説

　あざ（内出血斑）から骨折が見つかることがあるため、本人に痛みがなくても見逃さずに発見しましょう。

例⑤／本人からの詳細

　　○○さんは糖尿病がある。朝食前に私が○○さんに「今日の体調はいかがですか」と尋ねると、「だるさも疲れもなく快調」とはっきりと答えた。血糖値も安定し顔色も良い。○○さんが私に「もうどこも悪くないから普通の食事にしてくれ」と言うので、「薬だけでなく、糖尿病食も食べているから症状が落ち着いているんですよ」と説明した。○○さんは「そうだった。忘れていたよ」と言われ、食事を待った。

観察POINT　食事への希望の言動、糖尿病の状態、言動や顔色の詳細

文章POINT　食事に対する希望の言動、現在の状態、血糖値の状況、対応後の反応を記載

★ ポイント解説

　糖尿病は自覚症状がないことがあるため、介護職も病気の特徴を理解し、生活状況に注意しましょう。

例⑥／本人からの詳細

　　○○さんは昨日入所した。慢性心不全があり私が○○さんに「症状が出やすいのはいつですか？」と聞くと、「動くと息切れがする。それ以外では夜寝ていると息苦しくて目が覚める」と言った。足も下腿にむくみがあった。○○さんに私が「息が苦しかったり痛みがあったりしたら、すぐに声をかけてくださいね」と伝えると、「ありがとう」と安心した表情になった。症状が続くようなら、看護師に報告する。

| 観察POINT | 利用者の言動、疾患の病態を理解したうえで全身の状態 |

| 文章POINT | 利用者の言動、身体にある症状、ありのままに記載 |

★ ポイント解説

　慢性心不全は治療で利尿剤を内服することが多いため、むくみや尿量などに注意しましょう。

例⑦／普段と違う痛み

　　○○さんが私に、今朝ベッドに横たわったまま「今日はかなり膝が痛む」と言った。○○さんは関節リウマチがあり、膝に痛みがあった。私が○○さんに「自分で起き上がれそうですか」と聞くと、「痛くて無理です」と答えたため起き上がりを手伝う。私が膝を触ると腫れて熱を感じたため、看護師に確認し痛みを緩和する軟膏を膝に塗布。いつもは車椅子に自力で移乗するが、痛みがあるので、今日は介助をした。

| 観察POINT | 利用者の訴え、膝の状態を実際に触って確認、動作の状況 |

| 文章POINT | 自覚症状の確認、膝の状態、動作の詳細、その場での対応、その後の対応を記載 |

★ ポイント解説

　関節リウマチは1日の中でも症状が変動するため、異変にはすぐに気づけるようにしましょう。

例⑧／症状の好転

　〇〇さんはここ1か月ほど、慢性気管支炎の症状がひどくなっていたが、一昨日から咳があまり出ず、顔色もよい。私が〇〇さんに「少し呼吸が楽になりましたか」と聞くと、「痰もほとんど出ないし気分がいい」と顔をほころばせる。このとき〇〇さんから、「湿度を細かく調整できる加湿器に換えてほしい」という要望があった。湿度を微調整できる加湿器の購入をスタッフ間で検討した。

観察POINT｜客観的な症状の変化、言動から自覚症状を確認

文章POINT｜症状の変化、時間的経過とともに利用者の言動を記載

★ ポイント解説

　呼吸状態の観察とともに、本人が過ごしやすい生活環境にも目を向けましょう。

例⑨／症状の変化

　〇〇さんは、パーキンソン病があり、歩行時にはT字杖を使っていた。今日は、朝から歩行中にバランスを崩して、よくつまずいて転びそうになっていた。〇〇さんに私が痛みや痺れの程度を尋ねると、「痛みはそれほどでもない」が、昨日から右足の痺れがひどい」と訴える。〇〇さんに私が「多点杖や歩行器の変更を医師や理学療法士に相談してみますね」と伝えると、「一日中部屋にいると気が滅入るので、そうしてほしい」と答えた。

観察POINT 以前の歩行状態と比較しての変化、利用者の言動から自
覚症状の確認

文章POINT 歩行状態の変化、自覚している症状、転倒の危険性への
対応を記載

★ ポイント解説

パーキンソン病は進行性の病気です。症状の観察と合わせ、進行にとも
なって現れる生活のしづらさを予測して対応しましょう。

例⑩／食事制限

夕食後、〇〇さんが「味が薄くて食べた気がしない」と下を
向きながら話した。慢性の腎臓病があるので、塩分やカリウム
を制限する食事療法を行っている。私が〇〇さんに「合併症を
起こすといけないので、塩分を少なくしているんですよ」と伝
えると、「あまり自覚症状がないから、病気がピンと来ない」と
言いながらも、「それじゃあ仕方がないな」と言われた。

観察POINT 利用者の食事に関する想いや希望

文章POINT 食事の制限、療法に関する利用者への説明、その後の反
応を記載

★ ポイント解説

利用者の食事に関する想いや希望を、本人に聞いて記載します。

例⑪／薬に対する認識

　　○○さんの朝食後、服薬介助のため部屋に行くと、納豆の器があった。私が○○さんに「さっき納豆を食べましたか」と聞くと、「久しぶりでおいしかった」と笑みを見せた。高血圧から脳梗塞を発症し抗凝固薬を服用中のため、薬の効果を弱めるビタミンKを含む、納豆の摂取は禁忌である。配膳スタッフに確認すると「間違えて出した」とのこと。主任に報告し看護師と相談する。主任から家族に謝罪し、明日対応策を話し合うこととなった。

観察POINT｜利用者の疾患、内服内容

文章POINT｜誤配を気づくまでの経緯、誤配と判断した根拠、その後の対応を記載

★ ポイント解説

　禁忌の食事を提供することは事故につながります。利用者に理解を求めるともに、職員の認識は統一できるようにしましょう。

例⑫／副作用

　　○○さんは就寝前、緑内障の点眼をする。そのため、部屋を訪ねると、○○さんが私に「最近目の周りの皮膚が黒くなって困った」と言った。点眼薬の副作用には、瞼の色素沈着があり、確認すると目の周囲が黒ずんでいる。○○さんに私が「目薬後に、顔を洗いますか」と提案すると、「面倒くさいなあ」と返事。さらに私が「それなら濡れタオルで拭きましょう」と言うと、「それは簡単でいいね」と言われた。

観察POINT 使用している薬剤の副作用を理解して利用者の状態観察

文章POINT 利用者の希望、目の周囲の皮膚の状況、対応策の提案、提案の反応を記載

★ **ポイント解説**

副作用を理解し、利用者が受け入れられる方法を提案しましょう。

例⑬／与薬の工夫

　　○○さんには慢性腎不全があり、朝食後に私が「お薬を飲みましょうか」と声をかけると、「粉薬はむせるから嫌なんだよ」と顔をしかめる。○○さんに私が「今日はこれに混ぜましょうね」と家族が購入したレモン味の服薬補助ゼリーを見せると、「それなら飲めそうだなと」と言われ、すぐに飲めた。チームで共有し、今後は飽きないようにするため、ゼリーの味を変えたり、オブラートに包んだりと工夫することを確認した。

観察POINT 薬の剤形、内服時の利用者の言動・反応、対応策への反応

文章POINT 利用者の言動、内服を嫌がる理由、対応した結果を記載

★ **ポイント解説**

　内服を嫌がる利用者の理由を言動から明らかにし、対応した結果を記載します。その後の共有できた工夫も記載して、他の職員がわかるようにします。

例⑭／副作用の経過

　14時に○○さんの浴室への移動に付き添う。○○さんは杖を使って歩くため、私が「足元に気を付けてくださいね」と声をかけると、「ありがとう。大丈夫」と穏やかな顔で礼をした。1週間前までは、飲んでいた認知症の薬の副作用なのか、暴言や興奮が見られたが、薬の変更後はそうした症状は見られなかった。表情も以前と比べて明るくなり、行動や言動も落ち着いている。

観察POINT　薬の変更後の言動・行動

文章POINT　言動や表情の詳細、薬変更後の様子を記載

★ポイント解説

　薬の副作用かどうかは、複数の要因があり断定は難しいため、「なのか」と疑問形で記載します。

例⑮／副作用の経過

　○○さんは、2週間ほど食欲がなかったが、今日の夕食は全量摂取。○○さんは私に「口内炎がなくなったので食べるときに痛くない」と話した。○○さんには関節リウマチがあり、5日前まで抗リウマチ薬を内服していたが、副作用による口内炎の痛みがひどく、医師の指示で中止している。明日の受診に備えて、現状に沿った薬の処方となるように、看護師と相談し状況を医師に渡す報告書にまとめた。

観察POINT 内服薬中止後の食事の摂取量、生活状況の変化、言動・状態

文章POINT 内服を中止した理由、中止後の様子、受診前の対応を記載

★ポイント解説

利用者が病院を受診する際は、記録から医師が適切な治療や内服薬の処方が判断できるようにします。日常の様子がわかるような文章を書けるようにしましょう。

例⑯／服薬トラブルの回避

○○さんの内服薬は私が夕食後、種類を確認し渡している。○○さんは、手にこわばりがあり、軽い認知症もあるが、いつも自分で薬が入っているシートから自分で取り出し内服している。今日は、服用前に錠剤にアルミ部分が付着していることを発見。○○さんに私が「包装のアルミが付いているので取りますね」と言うと、「ありがとう」と返事をした。誤飲が心配なので、今後も注意深く確認することをチームで共有した。

観察POINT 服用時の動作・状況、誤飲がないかの確認

文章POINT 服薬トラブルへの気づきの詳細、今後の注意点、共有を記載

★ポイント解説

利用者が安全に内服できる方法を検討しましょう。

剤形

剤形とは、患者に投与できるように整えた薬の形状をいいます。投与経路によって大きく内用薬、外用薬、注射薬に分けられます。

・内用薬：散剤（粉薬）、顆粒剤、シロップ剤、錠剤、カプセル剤など
・外用薬：点眼剤、軟膏、貼り薬、吸入剤、坐剤など
・注射薬：皮内注射、皮下注射、静脈注射、筋肉注射

また、同じ成分でも、効果が早く現れるようにしたもの、長時間効果が続くもの、吸収する臓器に届くようにコーティングしたもの、部位に直接作用するものなど、剤形には用途や目的に応じた特徴があります。

そのため、単に利用者の飲みにくさで、介助者が錠剤を割って細かくつぶすのは、薬の効果が発揮できない可能性があるため、してはなりません。

第2節
疾患・与薬に関する表現

疾患・与薬への対応に関する表現を知っておきましょう。

①過去の記録確認

疼痛の有無を調べた。褥瘡予防用体圧分散マットレスの使用開始日をチェック。二週間ほど血圧が安定している。入居時はレクリエーションを嫌がっていた。

②服薬の確認

種類と量を確認する。飲み込んだことを見届ける。時間どおりに服用する。本人の薬かどうかチェックする。服用前にもう一人の職員と二重チェックを行う。直接薬を手渡す。薬の飲み忘れを発見する。食後の薬を食間に飲む。他の入居者の薬を間違って渡す。薬を捨てている。錠剤を飲み込めない 。手から薬を落とす。口からシロップ剤がこぼれる。残薬数を確認する。残薬数が合わない。

③症状

一週間前から食欲不振。薬を変更後、副作用が続く。一昨日転倒し、腕にあざができている。昨日までは咳が治まっていた。昨年高血圧により脳梗塞を発症。昨年の同時期より痰吸引の回数が増えた。

④家族との連携・家族の事情

糖尿病の食事制限の具体的な内容を共有。セラピー用の介護人形を持ってくる。一時帰宅時に一包化した薬を渡す。高血圧のため入浴時間は短めにとの依頼がある。既往歴を確認する。自宅での夜間の状況を確認する。家族が入居者の持病に無関心。一時帰宅時に薬の管理が難しいと言われる。在宅ケアが大変なため、本人の希望があっても一時帰宅をやめた。ほとんど面会に来ない。急用があったときに家族と連絡が取れない。

第 1 節
認知症の理解

認知症は、さまざまな原因で脳の細胞が少なくなったり、働きが悪くなったりしたことによる中核症状から行動・心理症状が見られ、生活するうえで支障がある状態をいいます。なお、徘徊や妄想と呼ばれるものも、背景や理由があるといわれます。

❶ 表現を比べてみよう

例①／着衣の様子

NG　　〇〇さんは入浴後の着衣の際、モタつくことが増えた。パンツを手にしたり、トレーナーを手にしたりするが、なかなか着衣行為が始まらない。

GOOD　　〇〇さんは入浴後、下着を手にしたり、トレーナーを手にしたりして、しばらく考え込むということが増えた。私が〇〇さんに「どうしましたか、お手伝いしましょうか」と尋ねると、「大丈夫です。いま着ますから、待っていてください」と言った。〇〇さんが、言動や行動から着る順番に戸惑っていることが推測されたので、焦らせることなく、〇〇さんに私が「湯冷めしないうちに着ましょう」とそっと下着を渡すと、一人で着ることができた。

観察POINT　手順や動作、どこでつまづきやすいのか

文章POINT　行動の詳細、どのような促し方が有効か、声のかけ方を記載

★ **ポイント解説**

服を着る順番がわからないことを、着衣失行といいます。

「モタつく」というネガティブな表現は避けます。「着衣行為が始まらない」だけでなく、その理由も観察して次の介助の根拠を示して記載します。

例②／収集癖

NG

最近、○○さんはポケットに使用済みのティッシュペーパーを詰め込んでいる。「どうして捨てずにとっておくのですか」と聞いたところ、「まだ使えるし、もったいないから」と答えた。汚いのでやめてもらいたい。

GOOD

○○さんは1週間前から、ポケットに使用済みのティッシュペーパーを10枚程度詰め込んでいる。私が○○さんに「なぜティッシュをポケットにとっておくのですか」と聞くと、「まだ使えるし、もったいないから」と言った。私が○○さんに「物を大切にするのはいいことですね。でも、新しいティッシュがこんなにありますよ。お風呂も入るし新しいものにしませんか」と微笑みかけると、1分くらい考えたあと、半分だけ自分でゴミ箱に捨てた。○○さんがその場を離れたので、捨てたティッシュに義歯が紛れていないか確認したが、なかった。

観察POINT 　行動とその理由、義歯の確認

文章POINT 　行動とその理由、どのような対応にどのような反応を示すのかを詳細に記載

157

ポイント解説

　「汚い」というネガティブな表現は避けます。「やめてもらいたい」という私情は書かないようにします。介護職の主観は基本的には除き、行動とその理由を探しましょう。

例③／人物誤認

NG
　今日、〇〇さんの義妹が訪問したとき、義妹を自分の妻の名前で呼び、手を握ったまましばらく離さなかった。義妹は迷惑そうな顔をしていた。

GOOD
　今日、〇〇さんの義妹が見舞いに来たとき、義妹を妻の名前で呼び、手を握ったまましばらく離さなかった。義妹が困惑していたので、〇〇さんの人物誤認の症状について説明する。義妹は〇〇さんに「お義姉さんに会いたいのですね」と、やさしく声をかけたが、〇〇さんは義妹を妻だと間違えたままだった。〇〇さんはいつもよりたくさんしゃべり、表情も明るかった。

観察POINT　人物誤認の状況、親族の反応

文章POINT　利用者の反応と行動、親族への説明を記載

ポイント解説

「迷惑そうな顔」というネガティブな表現は避けます。

例④／家族の訪問

NG

　　〇〇さんの家族が入所後初めて面会に来した。認知症が進んでいるため、妻以外の名前はわからなかったようだが、嬉しそうだ。妻の△△さんと家族は、1時間ほど話をして帰った。

GOOD

　　〇〇さんに、14時ごろ奥さんと息子夫婦の3人が、入所後初めて面会に来た。〇〇さんは、認知症があり、妻以外の名前はわからなかったが、終始弾んだ声で「今日は楽しいね」と言われた。奥さんの△△さんは「顔色が良くて安心しました」と言われた。1時間ほど施設の食堂で家族と和やかに過ごす。家族帰宅後、夕方に息子さんから「また来週月曜日に訪問しますので、父に伝えてください」と電話連絡があった。

第5章・認知症への対応場面

観察POINT　発言と行動、どのような環境でどの程度の時間を過ごすことができたか

文章POINT　時間帯、具体的な場所、経過時間、実際に会った人数と誰と会ったかを記載

★ **ポイント解説**

　「家族」ではなく具体的に誰が来たのかを記載します。「わからなかったようだ」と推定はせず事実を書きます。

例⑤／抑うつ傾向

NG

　〇〇さんは最近、朝食の時間になってもベッドから出てこない。「朝食の時間ですよ」と声をかけると、「いらない」と答える。気分が悪そうだ。

GOOD

　〇〇さんは朝食の時間になっても、ベッドから出てこなかった。私が〇〇さんに「朝食の時間ですよ」と声をかけたが、力のない声でボソッと「いらない」と答えた。「体調が悪いのですか」と聞くと、黙っていた。私が〇〇さんに「では、気が向いたら食べてくださいね」と、朝食を居室のテーブルに置いておいたところ、完食していた。最近、笑顔が見られず、会話量や行動量は低下していた。今後は〇〇さんの話を聞き、精神的な変化の理由も探る。

観察POINT｜普段と違う言動や行動

文章POINT｜実際の発言と行動を変化がわかるように詳細に記載

★ **ポイント解説**

　「答える」ではなくどのような様子で答えたのか具体的に記載します。「そうだ」と推測で記載せず、根拠や具体的な様子も書きます。

❷ 表現を参考にしよう

```
例①／食事の様子
```

　○○さんは、1週間前の昼食時に 突然、お膳をひっくり返した 。○○さんが「ジャムパン！」と何度も叫ぶので、私が「ジャムパンが食べたいのですね」と声をかけると頷いた。私が家族が購入していたジャムパンを差し出すと、すぐに 険しい表情が緩み 、食べ始めた。その後は、チームで話し合い、食事のときにご飯があっても、パンも両方提供することにし、パンにはジャムやはちみつなど甘いものを塗っておくと、パンも含めて完食した。

観察POINT　どのような言動か、表情や行動

文章POINT　言動・表情の変化、行動、ありのままに、対応は詳細に、対応後の変化を記載

★ ポイント解説

　出来事は結果までをきちんと記載します。どのように対応したかを詳細に書きます。利用者が自ら食べようとする方法を考えましょう。

例②／食事の様子

　　○○さんが、夕食時に器から視線をそらさず、箸を握って椀の中の具を約1分間混ぜていた。私が「食欲がないのですか？」と聞くと、首を少し横に振った。○○さんの手をよく見ると、指先がうまく動いていない。私がスプーンを渡すと少し表情が明るくなり、スプーンで完食した。○○さんは認知症により、箸がうまく使えなくなっている可能性があるので、チームで共有し、今後は注意してサポートする必要がある。

観察POINT　食欲がないのか、箸がうまく使えないのか

文章POINT　具体的な時間、言動・表情はありのままに、対応、対応後の反応、今後の注意を記載

★ ポイント解説

　利用者が自らできないことを伝えるのは、できない自分を認める行為になるため、難しいときがあります。介護職が利用者の想いに配慮して対応しましょう。

例③／日々の生活

　　○○さんの部屋に行くと、ズボンを頭からかぶっていた。○○さんは入浴後に、衣服の着方を忘れて混乱することがあるので、私が「お手伝いしましょうか」と声をかけたが、○○さんは返事をせずに頭からズボンを取ったりかぶったりした。私が様子を見ていると、○○さんが椅子に座り、ズボンをベッドの上に置いた。1〜2分時間を空け、私が「着替えたら、いつものジュースを飲みましょう」と声をかけると「そうだな」と返事をされ、○○さんは自分でズボンを足に通してはくことができた。

観察POINT 利用者の行動、反応に合わせて対応しつつ観察

文章POINT 反応・言動の詳細、対応したことを具体的に記載

★ポイント解説

一度落ち着くことで、きちんと動作ができることがあります。見守る大切さがわかるように記載します。

例④／こだわり

○○さんが、レクリエーションの時、いつも座るリビングの席に他の利用者が座っていた。○○さんが私に「あれは私の席なのよ」と眉を上げて言ったので、「今日はあの人に譲ってあげましょう。△△さんが○○さんを待っているので隣に行きませんか」と提案すると「あら、待ってくれているの」と言って△△さんの隣に座った。

観察POINT こだわりがどの程度ものなのか、対応への表情・言動の変化

文章POINT 利用者の言動・表情の変化、対応したときの声かけ、対応後の結果を記載

★ポイント解説

表情の変化を詳細に記載します。対応したときの声かけの内容はありのままに、対応後の結果まで書きます。

　○○さんから最近、日付や曜日をよく聞かれるので、今日は私が○○さんに、「あれ、今日は何曜日でしたっけ」と聞いてみると、「火曜日です」とすぐに答えた。さらに○○さんに「では、16日ですね」と言うと、○○さんはすぐに「いいえ、30日ですよ」と答えた。曜日はあっているが、日数は2週間ずれている。○○さんに私が「私もわからなくなるので、日めくりカレンダーがあったらいいですね」と伝えると、小さくうなずいた。

観察POINT　質問に答えるまでの時間、答えの内容、日付や曜日の理解はどうか

文章POINT　障害を理解したうえで対応した方法を記載

⭐ **ポイント解説**

　時間や日付がわからなくなることを、見当識障害といいます。

　障害を理解したうえで、間違えを無理に正すことなく対応した方法を記載します。次にほかの介護職が関わる際のヒントとなるようにします。

例⑥／顔貌失認

　　○○さんが、息子さんとの面会時、息子さんに「あなた、ど なた？　訪問販売の方？　今日は何も買いませんよ」と言った ので、私が隣から○○さんに「息子さんですよ」と伝えると、 「うちの息子はこんなに歳をとっていませんよ、早く帰ってく ださい！」と声を大きくして、追い払うような手振りをした。 私が間に入り、○○さんに「では、帰っていただきましょうね」 と伝え、息子さんに少し離れていただくと落ち着いた。

観察POINT　顔貌失認はどの程度なのか、どのような言動や行動で反 応があったか

文章POINT　興奮時の言動・行動、介入した際の言動、その後の家族 への対応を記載

★ ポイント解説

　　見知っているはずの相手が誰だかわからないことを、顔貌失認といいま す。

例⑦／質問の繰り返し

　　今日、○○さんがリビングでテレビの刑事ドラマを見ていた とき、「この俳優は誰？」と私に聞いたので、「△△△△さんで すよ」と伝えると、「あ、そうでしたね」と、大笑いして言った。 そのドラマを見ていた１時間の間に、１２分ぐらいに一度同じや りとりがあった。他の介護職に聞くと、最近、○○さんは、同 じ質問を何度もすることがあったことがわかった。

観察POINT どのような内容の発言か、記憶できる時間はどの程度か

文章POINT 具体的な状況と言動、時間や回数は数値で、他の職員か
　　　　　　らの情報確認を記載

★ ポイント解説
　「○分に一度」と具体的に書くと、そのときの落ち着き具合がわかります。
混乱すると質問の間隔が短くなることがあるため、変化がわかるように具体
的に記載します。

> ### 例⑧／訳もない怒り
>
> 　この1か月○○さんは 突然、怒り出す ようになった。観察す
> ると、居室で私たち職員と話しているときは、いつも通り穏や
> かだが、 他の利用者と一緒にいるとき に「うるさい！」と叫ん
> で、椅子を持ち上げ、投げようとする ことが5回あった。また、
> ○○さんがそのようなときに、職員が「お茶を飲みましょうか」
> と誘うと、落ち着く こともわかった。

観察POINT どんなときに行動に移るのか、その後の対応への変化

文章POINT どのようなタイミングで起きることなのか、観察した結
　　　　　　果、対応方法も詳細に記載

★ ポイント解説
　利用者が落ち着く対応方法は何か、うまく行えたときは次にもできるよう
に書き残しましょう。

例⑨／被害妄想

　○○さんが私に「夕べ、私の部屋に誰かが入ってきたのよ」と、おびえて言うので、「夜の見回りに来た看護師のことですか」と聞くと○○さんは「違うのよ。あの人は私をどこかへ連れて行こうとしているのよ」と言った。私が○○さんに「夜は介護者がしっかり見回りをしているので、安心してください」と言っても首をかしげていた。○○さんに私から「気分転換に散歩しましょう」と話をすると、表情が明るくなった。

観察POINT　幻視の状況、今の感情を言動から推測、かけた言葉に対しての変化

文章POINT　利用者の言動、対応後の表情の変化を記載

★ポイント解説

　利用者の言動は、その後の対応の根拠となるため、ありのままに記載します。

例⑩／食事

　○○さんは最近、食事したことを忘れることがある。今日も、朝食を食べた1時間後に○○さんが「朝ごはんを食べてないから、おなかがペコペコですよ」と隣に座る△△さんに話をしていた。○○さんに私が「いま、ご飯を炊いています。あと30分したら食事の準備ができますから待っていてくださいね」と伝えると、口角をあげて「ありがとう」と言い、そのままテレビを見て過ごしていた。

文章POINT　利用者の言動、対応後の行動は詳細に記載

★ **ポイント解説**

　対応後の行動は詳細に記載します。今後の対応のヒントにできるようにします。

例⑪／入浴への抵抗

　　〇〇さんが、入浴の時間になっても自室から出ようとせず、「私はお風呂に入りません」と、私に強い口調で言うので、「どうしてですか」と尋ねると、「だってこの間、男の人に入れと言われて、じろじろと結婚前の身体を見るんです」と答えた。私が「今日は、私（女性）が一緒に入りますよ」と〇〇さんに伝えると、「ほんとね。ほんとね。」と下を向きながら部屋から出てきて、自ら歩き浴室に行き入浴した。

観察POINT　入浴したくない理由は何か、言動から知り対応

文章POINT　利用者との具体的なやりとり、その後の変化を記載

★ **ポイント解説**

どのような対応が利用者の入浴する意欲につながるのか記載しましょう。

例⑫／おむつへの抵抗

　　○○さんは自宅ではオムツを使用しているが、私が交換しようとすると、「恥ずかしいから、このままでいいです」と言って、なかなか応じてくれない。そこで、私が「トイレに行ってみますか」というと頷かれた。私が介助をして、トイレに座ると排尿があった。家族にトイレで排尿があったことを伝え、施設にいるときはオムツから、トイレでの排泄に変えることを提案し同意された。

観察POINT　拒む状況、能力に合わせた介助、介助実施の結果、家族の反応

文章POINT　状況、どのような介助を行ったか、介助の結果、状況を家族に説明した際の詳細を記載

★ ポイント解説

　排泄については自尊心に影響します。トイレで排泄できるよう工夫したことや提案内容がわかるように記載しましょう。

例⑬／帰宅願望

　○○さんは夕方になると時々、玄関に行って「今日は仕事が終わったので、もう帰ります」と介護職に言って外に出ようとすることがあった。そこで、私が○○さんに「この施設に住んでいるのですよ」と伝えると、○○さんは「家に帰らせてくれ！」と暴れることがあった。そこで、私が○○さんに「家に帰ってすることがあるんですか」と聞くと、「犬に餌をやらなきゃ」と言われたので、息子さんに直接電話して話をしたら、「息子がやってくれるって言ってたよ」と言われた。その後は「家に帰りたい」とは言わなかった。

観察POINT　利用者の希望、どのように対応したのか

文章POINT　利用者の言動・行動を詳細に記載

★ ポイント解説

　無理に止めるのではなく、利用者の理解を得られた方法を書き残しておきましょう。

例⑭／物盗られ妄想

　今日、○○さんが居室で私に「昨日、買ってきたコーヒーカップがない」と大きな声を出した。実際には昨日、○○さんは買い物に出かけておらず、コーヒーカップ自体もない。私が○○さんに「探しておきますから、その間これを使ってみてくださいね」と伝え、違うコーヒーカップを渡したが、○○さんの表情は険しく約1時間、同室の他の利用者に「誰が盗んだのかしら」と言って、居室内をウロウロ歩いた。

観察POINT 利用者の言動・行動、対応後の表情、反応

文章POINT 利用者の言動、言動と事実を重ねた結果からの対応、対応後の反応を記載

⭐ **ポイント解説**

「なくなった」と思う気持ちを聞き、否定せず利用者の言動と行動を観察します。対応後の表情や反応も詳細に記載します。

例⑮／口数の減少

　　最近、○○さんは 口数が少ない 。朝食の時、私が「お食事は終わりましたか」と○○さんに声をかけても、 小さくうなずいて、周囲をキョロキョロと見回していた 。朝食は完食していた。つじつまは合わないが会話はできている。看護師と相談した結果、水分や栄養は取れており、すぐに生命には関係しないため、口数以外にも変化はあるのか、経過観察することとなった。

観察POINT 口数が減るといった変化、利用者の反応、理由は何か

文章POINT 利用者の行動の変化、状況、その後の対応、結果の詳細を記載

⭐ **ポイント解説**

　利用者の行動の変化の理由は何かを知るため、状況とその後の対応結果の詳細を記載します。

例⑯／抑うつ傾向
○○さんは、3日前に施設に入所したが、居室から自らは出て来ない。私が○○さんに「みんな、待っていますよ」と、レクリエーションに誘っても、「誰にも会いたくない」と言って、食事とトイレのとき以外は部屋から出ない。環境の変化による不安が影響しているのかと考え、少しでも安心できるように、ご家族へ自宅で愛用していた生活用品を持ってきてもらうようにお願いした。

観察POINT　入所による変化、具体的な状況、生活の様子

文章POINT　入所からの状況、利用者の言動・行動、その後の対応、
　　　　　　対応の理由を記載

★ ポイント解説

　動かない、食べないといった様子が入所による環境の変化で見られることが多いため、具体的な状況や生活の様子を記載します。

COLUMN⑨

帰宅願望（夕暮れ症候群）

　❷の例⑬のように、認知症高齢者が夕方になると落ち着かなくなり、「家に帰りたい」と言ったり、施設から出ていったりすることがあります。これは「帰宅願望」という症状で、「夕暮れ症候群」とも呼ばれます。記憶がつながらないため現在の環境への理解ができない、副交感神経優位による体調の変化での不安などの理由で見られます。自宅に住んでいる高齢者では、引っ越しや子どもとの同居開始などの環境の変化でも、同様の症状が現れることがあります。対応には、まず、今どのような気持ちなのかを聞き、受け止め、共感することが必要です。無理に「泊まっていって」と言って気をそらすことはせず、話しながら不安の原因を知ろうとすることが大事です。

第2節
認知症への対応に関する表現

認知症への対応に関する表現を知っておきましょう。

①言動・行動・身体の様子

　自分から近づいて話をする。落ち着いて行動できる。話のつじつまが合わない。つじつまの合った返事ができる。笑顔が多い。心配をしてくれる。昔の話をいきいきと話す。自分で洋服を着替えられる。一緒にお茶をついでくれる。興奮して周りを認識できない。目を開けない。話をしようとしない。視線が定まらない。何度も同じ話をする。表情に起伏がない。記憶ができない。放心している。表情が乏しい。

②食事

　モリモリ食べる。食欲旺盛。楽しそうに食事する。よく噛んでいる。ペロリと完食。好き嫌いなく食べる。味わいながら食べている。箸を上手に使って食べる。食事を心待ちにしている。食後に満足気な表情をする。食事したことを忘れる。咀嚼力が低下している。うまく飲み込めない。突然、お膳をひっくり返す。ずっと箸を握りしめている。目の前にあるものだけを集中的に食べる。手で食べ物をつかむ。食べずにご飯を手で混ぜる。

③入浴

　入浴を心待ちにしている。洗髪をしてサッパリした様子。入浴動作が自分でできる。自分から浴室に移動できる。脱衣・着衣がスムーズにできる。楽しそうに鼻歌を歌う。ニコニコして上機嫌。血色が良い。入浴したがらない。人前で裸になるのを恥ずかしがる。身体がこわばっている。着る順番がわからず戸惑う。脱衣場で身体をブルブル震わせる。足元がフラつく。お湯を熱がる。ズボンの履き方がわからなくなる。

173

第1節
家族とのコミュニケーション

利用者の家族と信頼関係を築くことは非常に大切です。そのためには、来院時や自宅に伺った際などに、積極的に話しかけることや、家族の要望や困りごとを聞くとともに、日々行っているケアについて丁寧に説明します。誤解が生じないように、信頼関係を少しずつ形成していくことが大事です。

❶ 表現を比べてみよう

例①／家族との面会

NG
　　　今日、〇〇さんの次女の△△さんが面会に来たとき、「母の顔がふっくらした気がします」と言ったので、〇〇さんが<u>問題なく過ごしている</u>ことを伝えると、安心していた。

GOOD
　　　今日、〇〇さんの次女の△△さんが面会に来て私に「母の顔がふっくらした気がします」と言われたので、「<u>〇〇さんは食事も、いつも完食で、夜も寝つきがいいですよ</u>」と伝える。△△さんから私に「施設の中に仲良しの人はいますか」と聞かれたので、「<u>同世代の女性たちと一緒にいることが多いですよ</u>」と伝えると、「楽しく過ごしているようでよかった。ありがとうございます」と言われた。

観察POINT　家族の気づき、施設内での生活状況

文章POINT　家族に何を説明したのかがわかるように実際の行動や状況を記載

ポイント解説

「問題なく過ごしている」ではなく、家族に状況がわかるよう何を説明したのかなどを詳しく記載します。

例②／家族の要望

NG　１年前に脳卒中で倒れた○○さんは、左片麻痺がある。家族の要望で、週に１回、リハビリも兼ねて<u>カラオケレクリエーション</u>に参加。表情が柔らかくなった。

GOOD　○○さんは、１年前から脳出血による左片麻痺がある。そのため、長女の△△さんからは、<u>「母の好きな、カラオケレクリエーションに参加させたい」</u>と要望があった。早速、○○さんに<u>確認すると「参加したいわ」と言われた</u>ので、リハビリテーションも兼ねて、週１回開催しているカラオケレクリエーションに参加。△△さんが「最近、母の表情が柔らかく、話し方も少し滑らかになった」と言っていたと、レクリエーションスタッフから聞いた。

第６章・家族への対応場面

観察POINT　家族の希望と利用者の意向の整合性の確認

文章POINT　家族の希望から行った活動での様子、家族の発言を記載

ポイント解説

なぜ「カラオケレクリエーション」を選んだのか理由を記載します。

NG

　　○○さんの生活援助（掃除と洗濯）のため訪問したところ、デイケア利用で留守中だった。家にいたご子息の△△さんから掃除と洗濯をしてほしいと頼まれたが、<u>できないと伝えた</u>。

GOOD

　　生活援助（掃除と洗濯）のため○○さん宅を訪問したが、連絡ミスで留守中だった。息子の△△さんからは「父は留守で、訪問介護はキャンセルと電話で連絡しましたが、掃除と洗濯をしてほしい」と言う。<u>サービス提供責任者に確認するとキャンセルは受けたとのことで、ヘルパーへの連絡ミスであった</u>。掃除と洗濯については、ケアマネジャーに報告し、ケアマネジャーから直接<u>「本人不在の場合はできない」</u>と△△さんに伝えてもらい、<u>「そうなんですね」</u>と言われた。

観察POINT ｜ 起きた事実、家族への対応の結果

文章POINT ｜ 実際に起きた連絡ミスの詳細、他職種との連絡の事実、家族の反応を記載

★ **ポイント解説**

「できないと伝えた」ではなく理由と説明内容を詳細に書きます。説明によって理解を得られたか、言動を記載します。

例④／利用者の様子

NG　　2時の巡回時、〇〇さんの居室に入ると、ベッドサイドに座るように頼まれた。〇〇さんは生き生きと、20分ほど楽しそうに話した後、「眠くなってきました」と言って、昼寝した。

GOOD　　14時に、〇〇さんの居室に入ると、〇〇さんから私に「ここに座ってください」と、ベッドサイドに座るように頼まれた。〇〇さんは私に「社長をしていたころは、大変だったけどやりがいがあった」と業績が良かった時や倒産寸前になった時のことなど、笑ったり真面目な顔になったりと表情豊かに、思い出を話した。20分ほど経つと、〇〇さんは私に「少し疲れたので横になります」と伝えて、横になった。

観察POINT　利用者が話してくれた内容や表情

文章POINT　どのような状況で話しくれたのか、利用者の楽しかった時代がいつなのかがわかるように内容を記載

⭐**ポイント解説**

「楽しそうに話した」ではなく、どのような話をしたのか、内容を具体的に記載します。

例⑤／提案・協力の連携

NG　　　○○さんの次女の△△さんから、「母が、看護師の××さんが自分の悪口を言ったと訴える」との相談を受けた。それは認知症に起因する<u>被害妄想であること</u>、また、<u>その対処法</u>を伝えた。

GOOD　　　○○さんの次女の△△さんから私に、「看護師の××さんが、自分の悪口を言っていると、母が訴える」との相談を受けた。私から△△さんに「それは認知症による症状で<u>被害妄想が疑われるかもしれません。その時は、根気よく話を聞いてください。それで興奮が強くなるようなら、外に出るなど環境を変えてみてください。それでも難しいようなら、病院受診を考えましょう</u>」と伝えると「まずは聞いてみます」と言われた。

観察POINT　家族の理解と現状、対応への反応

文章POINT　家族への説明内容、説明したことに対する家族の反応を記載

⭐ **ポイント解説**

　「であること」と断定しないで記載します。「対処法」は具体的にどのようにしたかを書きます。

❷ 表現を参考にしよう

例①／家族とのコミュニケーション

　　○○さんは、今日から１週間の予定でショートステイを利用。付き添ってきた息子さんの△△さんと一緒に私が居室に案内し、献立やレクリエーションの予定などを説明した。△△さんが「最近、食事中にむせることがある のですが」と私に相談されたので、「ケアマネジャーからも報告を受けています。まず、摂食動作や嚥下能力を見て、必要な対応をしますね」と伝えると「それならよかったです。よろしくお願いします」と言った。

観察POINT 　施設内・サービス内容の説明時の家族の様子、家族の要望内容、対応への反応

文章POINT 　家族の要望の具体的な内容、要望への対応、家族の反応を記載

⭐ ポイント解説

　家族への説明内容は、後で「話した」「話していない」というトラブルにならないよう、詳細に記載します。

例②／利用者と家族との関わり

　ひとり暮らしの〇〇さんを訪問。食料などを届けている長女の△△さんから「風邪で行けないので、朝食用の牛乳と卵をお願いします」と書き置きがあった。事業所に連絡し〇〇さんにも了解を得て、布団介助の時間を買物同行の時間にした。〇〇さんから500円を預かり、一緒に近くのお店で牛乳1本と卵半パックを購入。〇〇さんに購入品と領収書、つり銭50円を渡すと「朝食用なの」と言われ表情が明るい。

観察POINT　買い物の詳細、利用者の反応

文章POINT　介助内容変更と食料品の購入までの経緯、金銭については詳しく記載

★ポイント解説
家族からの依頼での介助の変更内容について、詳細を記載します。

例③／利用者との関わり

　最近、〇〇さんと旅行の話をする。〇〇さんは若い頃、よく家族旅行をしていて、国内だけでなく海外も旅したという。旅の思い出話をするとき、〇〇さんは「旅は最高だ」と目を輝かせて言われた。今日、息子さんの△△さんが、面会に来たので私が旅行のことを伝えると、「今度、家族旅行したときの写真を持ってこようかな」と言って、親子で思い出話をしていた。

観察POINT　利用者の以前からの趣味、言動と表情

文章POINT　利用者が語る過去を詳細に記載

★ **ポイント解説**

　自身が語る過去にはコミュニケーションのヒントがあるため、詳細に記載します。

例④／家族の要望

　認知症が見られる〇〇さんの家族は、できる日常動作は自力で、と望んでいる。施設内では自立支援として、〇〇さんはきれい好きなので、食後のテーブル拭きをお願いすると進んで行っている。今日、次男の△△さんが、昼食時の直後に来所。食後に率先してテーブルを拭く〇〇さんを見て、「あのような生き生きとした母の姿、久々に見ました」と、驚いていた。

観察POINT　家族の要望に利用者の個性を理解してどう対応しているか

文章POINT　家族の要望、利用者の個性を理解した自立支援、家族の反応を記載

★ **ポイント解説**

　家族の反応は、実際の言葉で記載します。

第６章・家族への対応場面

例⑤／利用者と家族の要望

　　○○さんの左脚の歩行訓練は、「歩行訓練は、なんとか継続して施設ですごしてほしい」との家族からの強い要望だった。3日前から「歩行訓練は辛い」からやめたと○○さんに行ってもらえず、長女の△△さんに現状を伝える。今日のケースカンファレンスで、「○○さんは疲れて嫌かもしれないから時間を短縮してはどうか」と提案があり、○○さんと家族に説明し同意を得た。

観察POINT　利用者と家族の要望は何か、訓練の状況、改善策はあるか

文章POINT　利用者と家族の要望の詳細、訓練の状況に合わせた提案を記載

★ ポイント解説
　家族の希望と現状が合わないときは、説明をするとともに実施可能なことを提案するようにしましょう。

例⑥／利用者と家族の要望

　　○○さんは、脳梗塞の後遺症で右腕に完全麻痺があり、リハビリテーションのために入所しているが、「家で妻の△△さんと暮らしたい」と切に願っている。△△さんは、右腕の機能が回復して夫が家に戻ることを望みながらも、高齢による家事などの負担に悩んでいた。そこで△△さんに私から、「訪問介護などの利用を含めて、ケアマネジャーに相談してはどうですか」と提案した。

観察POINT　利用者の要望、家族の要望、困りごとは何か

文章POINT　利用者の要望、家族の生活上の困りごと、改善策の提案を記載

★ ポイント解説

利用者に提案した内容の詳細を記載します。

例⑦／適切な説明・連絡

　昼食の介助で○○さんを訪問した際、長女の△△さんから、「褥瘡部の消毒や薬を塗ってほしい」と 褥瘡ケア の依頼があった。△△さんに、 介護職には医療行為はできない ため、私から「褥瘡の治療は医師か、処置は指示を受けた看護師しかできない」と伝え理解を得た。△△さんからの希望は、訪問看護師へ電話で連絡し、○○さんのお宅にある連絡ノートにも記した。

観察POINT　家族の要望が介護職に可能なのか判断

文章POINT　家族の要望に理解できるように説明できたか会話を記載

★ ポイント解説

できないことをどのように説明したか、内容を書き残します。

例⑧／プライバシー保護

今日、おやつの時間に、○○さんのところに△△さんがやってきて、「あんた、私のカステラを食べたわね。返してよ！」と怒鳴った。近くにいた職員が△△さんをなだめて居室に誘導した。○○さんの家族から「今日、他の利用者さんと口論になったようですが教えてもらえますか」と申し出があったが、個人が特定される情報は出さず、状況を説明し理解を得た。

観察POINT　他の利用者とのやりとりがいつあったか、どのようにあったか

文章POINT　他の利用者とのやりとりを具体的に記載

★ポイント解説

第三者には個人情報は伝えないようにします。

COLUMN⑩

医療行為

❷の例⑦のとおり、そもそも医療行為は医師しかできません。

しかし、以下の3点でなければ、介護職にもできることがあります。

・一般人はその行為をしているか

・自分がその行為をしても、相手にけがをさせたり後遺症を与えたりしないか

・その行為をするにあたって、医学的判断をしていないか

褥瘡部分を消毒すること、薬を塗ることは医療行為となります。しかし、ガーゼ交換などは医療行為になりません。また、褥瘡部分の周囲を水洗いすることや、ワセリンなどの外用薬を塗布することに関しては、介護職でも可能です。

例⑨／利用者の要望

15時に〇〇さんと一緒に散歩していたとき「私の家の前にあるタワーに今度、連れていってください」と、何度も言った。〇〇さんは私に、「亡くなった夫と定年退職後は毎週土曜日、タワーの中にあるレストランで食事をすることが楽しみだった」と話し、懐かしんでいた。明日、家族が面会に来る予定だが、〇〇さんの希望を家族へ伝え、可能であれば外出の手続きを伝える。

観察POINT　利用者が「今したい」と思える要望を言動から観察

文章POINT　利用者の要望、要望をかなえるための方法を記載

★ **ポイント解説**

介護職の考えの押し付けにならないようにします。利用者の希望を明確に記載しておきましょう。

例⑩／利用者の要望

入所時、〇〇さんの家族から、「自宅では、いつも朝食はパンだったので、施設でも同じに」との要望があった。朝食の主食は、ご飯が週5回、パンが週2回だが、〇〇さんはすべてパンに変更した。しかし、〇〇さんは入所して一か月経ったころ「みなさんと同じ朝食を食べたい」と下を向きながら言いにくそうに告げた。その旨、家族に伝え変更することになった。

観察POINT　利用者の以前の食事スタイルを理解したうえで要望に応

えているか

家族の当初の要望への対応、利用者の意向変化への対応
を記載

★ ポイント解説

食事は利用者にとって大きな楽しみです。その希望を伝えられた言葉は、
そのまま記載しましょう。

例⑪／利用者の様子

ベッドで寝て終日過ごしている○○さんの身体を拭くため、
仰臥位から側臥位に体の向きを変えると背中に直径1cmくら
いの発赤があることに気づいた。時間が経過しても発赤は消え
ない ため、○○さんに私が「ここ、痛くないですか」と聞くと、
ほとんど痛みは感じないとのこと 。すぐに看護師に報告し、指
示のもと発赤部に摩擦が軽減するフィルムを貼り、除圧できる
体位をとった。

観察POINT 発赤の大きさ、その後の対応への反応
（ほっせき）

文章POINT いつ気づいたのか、発見した状況、具体的な大きさ、利
用者の反応、専門職への相談とその後の対応を記載

★ ポイント解説

発赤は褥瘡（じょくそう）につながるため、発見した際はすぐに専門職に相談して対応し
ます。

例⑫／食事介助の様子

　〇〇さん宅を昼食の食事介助のため訪問した。〇〇さんは、血圧が高いため、食後に降圧剤を飲んでいる。服薬時に〇〇さんに私から「あごを引いて飲んでくださいね」と声をかけたが、そばにいた次男の△△さんが「いつもあごを上げたまま薬を飲んでいるから大丈夫」と言った。△△さんに私から、このままだと誤嚥から肺炎を引き起こす危険があることや、飲み込みやすい姿勢のことについて説明し、「そうなんですね、わかりました」と理解を得た。

観察POINT　家族が誤嚥を誘発する姿勢がどれだけ危険かを理解しているか

文章POINT　家族にわかるように説明したことをありのまま記載

★ ポイント解説

　介護福祉士のテキストに書いてあることがすべての状況で正しいとは限りません。しかし、命に関わる状況では、家族に対して専門職としてアドバイスしましょう。逆に、アドバイスせず、肺炎になってしまった場合には、なぜ、しなかったのかと責任を問われることもあります。この点を理解し、対応したことを記録に残すようにしましょう。

例⑬／利用者の変化

　　半年前から入所している〇〇さんは、入所時は口数が少なく、居室で過ごすことが多かったが、最近、共有スペースで、他の利用者と大声で笑いながら会話している姿を見かけた。今日、面会に来た家族が私に「父は以前より、発音がはっきりしてきたように感じます」と明るい表情で言った。入所時からの言語聴覚士によるリハビリテーションの成果で言語明瞭度が良くなっている。

観察POINT　リハビリテーションの成果、日々の生活の変化、家族の反応

文章POINT　生活上の行動変化、家族の反応も詳細に記載

★ ポイント解説

　変化については、「言語明瞭度」のようによりわかりやすく具体的に記載します。

例⑭／利用者の様子

　　午後、〇〇さんの次女△△さんが面会に訪れたので、先日、朝食後に、〇〇さんと私が一緒に近くの公園まで散歩したときの「遊んでいた保育園児の一人が、手を振ってくれたんですよ。すると、子どもっていいわねと〇〇さんが笑顔になって。うれしそうでした」というエピソードを伝えた。すると、△△さんは「今度、久しぶりに8歳の長男を連れてきますね」と言った。

観察POINT | 外出すると普段との変化が見られるため行動・表情に注意

文章POINT | 家族に利用者の最近見られた様子をエピソードも交えて伝えたことを記載

★ ポイント解説

事務的な伝達のみにならないようにします。

例⑮／利用者の様子

　今日、生活援助で〇〇さん宅を訪問して25分後、〇〇さんと私が昼食を一緒に作っていると息子さんの△△さんが「仕事の予定変更で休みになったので」と帰宅。私が「一緒に料理をすると、とても勉強になります。はちみつや塩麹などを使って、ひと工夫している んですよ」と△△さんに伝えると、「そんなことないわよ」と〇〇さんは笑顔。家族が帰宅したので、あとは△△さんにお願いをして、訪問を終了した。

第6章・家族への対応場面

観察POINT | いつもの動作、調理のときの状況

文章POINT | サービスの提供状況、家族との会話も交えて具体的に記載

★ ポイント解説

利用者への気づきを家族がわかるように伝えます。

例⑯／提案・協力の連携

　　○○さんはデイサービスを利用している。今日、来所してすぐに ティッシュを口に入れた ので、○○さんに私が「クッキーにしましょう」と声をかけ、口から出してもらう。送迎時にこの状況を家族に報告し、私から「自宅でも食べ物以外の物を食べようとすることがあるかもしれません」と注意を促した。家族は「そうだったんですね」と頷かれた。

観察POINT　家族に利用者の異変や対処法を伝えているか

文章POINT　家族への状況説明の内容の詳細、家族の反応を記載

★ ポイント解説

家族が気づいていない点について伝えたことを記載します。

第 2 節
家族への対応に関する表現

家族への対応に関する表現を知っておきましょう。

①利用者の要望

　日常の動作はなるべく介助なしで。片麻痺があっても、外出を楽しみたい。いつまでも自分の口から食べたい。

②家族の要望

　他の利用者と楽しく過ごしてほしい。認知症でできないことが増えたが本人らしく生活してほしい。家族の希望でリハビリテーションをやめる。高血圧なので塩分制限をしてほしいと次男が要望。介護負担が大きいため、ずっと施設で過ごしてほしいと家族が要望。

③家族への連絡・説明

　元気に過ごしている。他の利用者と楽しそうに話す。食欲旺盛でいつも完食。口腔内トレーニングで発音がはっきりしてきた。着衣・脱衣が自立している。アクティブだ。家族に会うのを楽しみにしている。大声で叫ぶことがある。居室で黙って過ごすことが多い。いつも眠そうにしている。注意力が低下している 。食事をしたことを忘れる。不安そうでじっとしていない。夜中に施設の中を歩き回っていたと家族に連絡。「家に帰りたい」と言っていたことを長女に伝える。異食がみられたと長男に連絡。異食に注意してほしいと長男へ連絡。介護職員にはできない医療行為がある。

④具体的な行動

　孫に会うと元気になる。家族との温泉旅行を心待ちにする。家族との外出を楽しむ。孫と遊んでいると若返ったようになる。妻との思い出を生き生きと語る。家族が面会に来るとたくさん話す。長女や次男の顔がわからなくなる。家族に会いたがらない。

第1節
スタッフ間のコミュニケーション

介護はチームでします。気になることは、一緒に働く同じ介護職や他職種である看護師などの医療職、他の専門職、また、地域に暮らされる方も含めて「報告・連絡・相談」をします。その内容を記録することは、さまざまな視点で検討したことを残すという意味で、とても大切です。関係者で情報共有できると、ケアの質が高まります。

❶ 表現を比べてみよう

例①／前夜の確認

NG　前夜の担当者が「○○さんが、背中がかゆいと言ったので清拭をしたら、その後は良眠だった」と書いている。○○さんの背中を看護師が確認することになった。

GOOD　ショートステイ利用の○○さんの前夜の記録に「21時、背中がかゆいと言ったので、確認すると発疹がある。清拭をし、その後は良眠」とあった。日中、看護師と一緒に背中の皮膚の状態を確認。看護師は、○○さんの発疹を見て「いつもの寒冷蕁麻疹ではないか」と言った。家族から聞き取ったフェイスシートにも一致。預かっていた軟膏を背中に塗った。今後も発疹には軟膏で対応となる。

観察POINT　皮膚の状態、専門職への相談の結果

文章POINT　利用者への対応、専門職への相談の結果とその対応を記載

ポイント解説

「看護師が確認することになった」の経緯と結果を詳しく書きます。ショートステイで情報が少ない利用者への対応として行ったことは、より詳細に記載しましょう。

例②／記録漏れ

NG　昨日の記録に、指先体操レクリエーションの参加者とその様子の記載がなかったため、レク担当者に確認した。記載漏れを防ぐ対策を話し合った結果、レク担当者も記録することになった。

GOOD　昨日の記録に、指先体操レクリエーションの参加者とその様子の記載がない。昨日の担当者に確認すると、○○さん、△△さん、××さん、●●さん、▲▲さんが参加していた。半年間週１回行い、参加者の変化があるか観察することになっている。記録がないと評価できないため、記録の必要性をスタッフで共有した。その後、担当者が必ず記録することになった。

観察POINT　記載がなかった内容、レクレーションの効果

文章POINT　記載がなかった利用者名、レクレーションの効果を評価する必要性、改善案を記載

ポイント解説

当日の利用者名・人数などの確認をします。「記入漏れを防ぐ対策」について、記録の必要性を理解して記載できるルールを作ることを書きます。

第７章・スタッフ間のやりとりの場面

例③／朝の様子

NG
　7時、〇〇さんが私に、「パジャマのまま過ごしたい」と言って、着替えなかった。他のスタッフに対応を相談した結果、〇〇さんに、ヘアスタイルを変えることを<u>提案することになった。</u>

GOOD
　7時、いつも服装に気を配っている〇〇さんが私に、「今日はパジャマのまま過ごしたい」と言って着替えなかった。理由を聞いても教えてくれず、<u>記録にもない。他のスタッフに相談すると「この間、〇〇さんが、『髪型を変えたい』と言っていた」との情報を得た。</u>〇〇さんに「美容師さんを呼んで、ヘアカットしてもらいませんか？」と私が声をかけると、「それいいわね」と言って、すぐに着替えを選び始めた。

| 観察POINT | 利用者の発言や意欲、提案への反応 |

| 文章POINT | 状況の詳細、発言内容、提案の説明と利用者の反応を記載 |

★ポイント解説

「提案することになった」までの経過に、記録にない情報があるため、詳細に記載が必要です。

例④／行事

NG

脳梗塞の後遺症で右側に麻痺がある〇〇さんが、施設で2か月後に開かれる室内グランドゴルフ大会に参加したいと言った。理学療法士に報告すると、「大会までには今より機能回復が見込める」とのことだった。

GOOD

脳梗塞の後遺症で右半身に不全麻痺がある〇〇さんが、2か月後に開かれる室内グランドゴルフ大会に出たいと言った。理学療法士に伝えると「大会に出たいと熱心に取り組んでおり、成果もある。さらにやる気も高まるので挑戦しましょう」と言われたことを〇〇さんに伝えると、みんなの前で「優勝するぞ！」と意気込んでいた。

| 観察POINT | 利用者の発言や意欲

| 文章POINT | 利用者の実際の発言、専門職への相談とその結果を記載

★ **ポイント解説**

「今より機能回復が見込める」ことについて、現在の状況と見込める理由も記載します。

第7章・スタッフ間のやりとりの場面

例⑤／改善策の相談

NG 　昨夜、糖尿病の〇〇さんがロビーで、警備員からもらった缶コーヒーを飲んでいた。警備員に「食事は専門職が管理しているので、飲食物を渡さないで」と伝えたが真剣に聞いてもらえなかったため、介護リーダーに改善策を提案した。

GOOD 　昨夜、糖尿病の〇〇さんがロビーで、警備員からもらった缶コーヒーを飲んでいた。警備員に私から「食事は制限があるので、飲食物を渡さないでください」と伝えたが、「たまにはいいだろ」と理解が得られなかった。再発防止のため、警備課に介護リーダーが「食べ物に関しての注意点」を説明する機会を設けることとなった。

| 観察POINT | リスクの説明への理解度 |

| 文章POINT | 警備員の発言、リスクの理解度、反応の詳細を記載 |

★ **ポイント解説**

どのような「改善策を提案」したのか、その内容も記載します。

❷ 表現を参考にしよう

例①／前夜の確認

　前夜の担当者の記録に「〇〇さんが24時ごろ、『今から会社に行ってくる』と言って、眠らずに施設内を活動的に歩き回っていた」とある。日中、家族が面会に来ても眠ってしまっていた。看護師とも相談し介護職のチーム内でも検討し、「〇〇さんの日中の活動量と夜間の睡眠状態が関係しているか見てみましょう」となり、早速、今日から日中と夜間の状況について、様子を観察することになった。

観察POINT 記録から普段の夜間の様子、変わった様子

文章POINT 前夜の様子、日中の様子、改善案、スタッフとの共有を記載

★ ポイント解説

「徘徊」ではなく「活動的に歩き回っていた」という事実を記載します。

　　昼食後、〇〇さんが居室で噴水のように嘔吐をした。ただちにノロウイルス対応キッドを使用して、吐瀉した場所やドアノブなどを消毒した。この状況を報告し確認した看護師が医師に連絡。ノロウイルスの疑いとなる。その後昨日から今朝までに関わったスタッフを確認して関わるスタッフを限定する。看護師から「体調が悪くなったら、すぐに連絡するように」とスタッフ全員に周知した。

観察POINT　ケアに関わったスタッフ全員で状況を確認し合っているか

文章POINT　経過・状況を記載

★ ポイント解説

　病変・異変の確認をします。スタッフ全員が情報を共有し対応できるように、経過や状況を記載します。

　なお、ノロウイルスは、2〜3日で体外に排出されるため、重篤<ruby>篤<rt>じゅうとく</rt></ruby>な脱水などにはならないのであれば、入院は必要ありません。まずは、隔離の環境と脱水に注意が必要です。

例③／利用者の急変

　11時、「デイルームでテレビを見ている○○さんが、真っ青な顔をしている」と、△△さんが知らせてくれた。椅子に座り首が前傾し、名前を呼ぶと少し反応があった。11時10分、看護師に連絡。バイタルサインは、血圧：100／70mmHg、脈拍：85／分、体温37.8℃、呼吸は浅く16回／分。11時15分、看護師の指示により救急車を手配。11時25分、救急車が到着。看護師が同行し病院へ搬送。

観察POINT　急変に対して素早く対応しているか、必要な情報はあるか

文章POINT　バイタルサインは数値で、発見時の詳細な状況、看護師との連携、時間の経過を記載

★ ポイント解説

　起きたことを時系列に記載し、バイタルサインのデータも具体的に書きます。どのようになったのか、結果まで記載しましょう。

第7章・スタッフ間のやりとりの場面

例④／所在不明

　24時に巡回時に、○○さんがベッドからいなくなっていることに気づいた。すぐに もう一人の夜勤者に報告 し、 一緒に施設内を探す 。探していると トイレでパンツを下げ便座に座り、眠そうな○○さんを発見。もう一人の夜勤者に声をかけ、トイレ内で全身状態やケガの有無を確認する 。ケガはなく排便がバナナ一本分見られた。 ズボンを上げ、○○さんを部屋まで歩かせたが歩行状態に変化はない 。その後、○○さんは6時までぐっすりと寝た。

| 観察POINT | 夜勤者同士の連携、所在不明時の対応 |

| 文章POINT | 不明から発見時までの経過、発見後の対応を記載 |

★ **ポイント解説**

けがの可能性があるときは、全身観察で確認します。

例⑤／バイタルサインの経過

　○○さんの記録に「5時のオムツ交換時、 下痢と37.5℃の発熱あり 」とある。夜勤者と 日勤者 、看護師と確認し経過観察となる。 日中は下痢も嘔吐もなし 。17時に バイタルサインを確認すると、体温36.8℃、血圧120／80mmHg、脈拍60回／分、呼吸20回／分と、ともに安定していたので、看護師に報告。今日の夜勤者に○○さんの変化に注意して、就寝時や0時、起床時のバイタルサインチェックを依頼する。

観察POINT　夜勤者の記録、日勤者の記録

文章POINT　バイタルサイン、情報の連携を詳細に記載

⭐ ポイント解説

夜勤者と日勤者の記録で利用者の変化がわかるように連携します。

例⑥／バイタルサインの経過

　　18時、○○さんの次女の△△さんから事業所に「母が大量の汗をかいている」との電話があった。記録によると、9時の訪問時のバイタルサインに異常はなかった。担当のヘルパーに連絡し、直接確認するが普段通りだったのこと。19時、看護師が訪問して確認。「体温：37.5℃、脈拍：110／分。暖房で部屋が乾燥しており、脱水症状が疑われたので水分補給をした」との報告を受けた。

観察POINT　変化の記録、直接確認した結果、その後の状況

文章POINT　事実を確認した時間経過、他職種の情報も記載

⭐ ポイント解説

脱水症状になると脈が速くなることを理解しておきましょう。

第7章・スタッフ間のやりとりの場面

　　6時、○○さんの居室に入るとすぐ私に「目が開かないのよ」と声を出していた。目の周りをみると、黄色い目やにがたくさんついているせいで、まぶたが開かない。すぐに蒸しタオルで皮膚を傷つけないように優しく目やにを拭き取り、目を開けてもらうと、少し充血していた。他のスタッフに確認すると、数日前から目をこすっていたとのこと。記録には記載がなかった。看護師に報告して、家族が来られ眼科受診となった。

観察POINT　目の状態変化、他のスタッフの気づき、看護師の判断

文章POINT　訴えへの対応、変化への気づき、記録の有無、看護師の対応を記載

ポイント解説

異常を発見したら、適切に専門職につなげるようにします。

例⑧／食事の様子

　　○○さんは、食べ物を口の中にため込む。そのため、先週、言語聴覚士が○○さんの食事介助に入り、評価や介護職への指導をした。記録には、「飲み込む能力に低下はなく、食事に集中できるように食堂の角の席に変更。その後、ため込むことが少なくなった」とあった。その後、席は変えず、○○さんは、職員が動き回るのが見えにくい席に座ることで、ため込みがなく食事ができている。

観察POINT | 環境を変えたことにより食事への注意力の変化はあるか

文章POINT | 専門職の評価、指導による環境変更、利用者の変化を記載

⭐ **ポイント解説**

食事に集中できる環境を整えます。

例⑨／水分補給の確認

朝食時、○○さんがお茶とみそ汁にほとんど手をつけなかった。その理由を聞くと、下を向いて黙っていた。チームで理由を検討すると、「排泄介助が恥ずかしいので、トイレが近くならないようにしているのでは？」という気づきがあった。看護師と管理栄養士とも一緒に食事内容を検討。水分摂取の大事さを○○さんに説明するとともに、おやつにゼリーを提供し、足りていない水分を補うことになった。

観察POINT | 言葉にはない利用者の気持ち

文章POINT | どのような経過で対応策が決まったのかを記載

⭐ **ポイント解説**

言葉にはない利用者の気持ちへの気づきをチームで考えます。

　　最近、〇〇さんの食事量が減ってきた。他の介護職から「家族から甘いものが好きだったと聞いた」と意見があり、管理栄養士に甘いものを提供できないかと相談すると、「おやつも含めて1日に必要な栄養やカロリーを調整してみます」との回答。明日から1週間分のおやつのリストを作成してもらい、スタッフルームに掲示して誰でもわかるようにした。

観察POINT　家族からの情報をもとに他職種とも共有して対応しているか

文章POINT　個別性に合わせた対応、他職種と一緒に改善策を検討した結果を記載

ポイント解説

検討した方法は誰にでもわかるように記載しましょう。

例⑪／排泄の確認

　　〇〇さんの排泄チェックを確認すると、5日前から排便の記録がなかった。看護師に報告すると、「一昨日の夜に下剤を投与し、昨日の朝オムツに多量の排便を確認した」とのこと。記入漏れだった。リーダーに私が「記入漏れで、下剤を投与してしまうと脱水症状を起こす危険性があるので、対策を検討したい」と提案すると、明日の会議で解決策を考えることになった。

観察POINT　排泄チェックへの記入漏れで起きる危険性

文章POINT　記入漏れのミスの発見、繰り返さないための防止策の検
　　　　　討を記載

★ **ポイント解説**

排便状況は具体的な日数で記載します。

例⑫／排泄の確認

　　○○さんは、尿意の訴えなくトイレに誘導している。今日は、8〜19時の間、2時間毎に5回。しかし、午後に尿失禁が見られた。他の介護職に相談すると、「3日間、1時間おきに誘導して排泄パターンを把握してみては？」と提案された。その通りに実行した結果、午前中は2時間毎に排尿があり、午後は1時間30分毎で失禁はなかった。チームで結果を共有し、今後はこの間隔で誘導するか検討する。

観察POINT　現状の評価をどのようにするのか

文章POINT　得た情報、試行した事実、試行した結果を詳細に、今後
　　　　　の対応につなげた結果を記載

★ **ポイント解説**

排泄パターン・回数などの確認をします。

第7章・スタッフ間のやりとりの場面

例⑬／誕生日

　　〇〇さんは今日が誕生日。誕生日会の準備をすると私に「みんなの前でお祝いされるのは恥ずかしい。誕生日会は開かないで」と言った。介護リーダーも含め、他の介護職と相談し、以前と同じように、今回も本人の意思を尊重することになり、みんなの前で誕生日会をしない代わりに、居室に小さな花束を持って、職員だけで歌を歌った。〇〇さんは一緒に歌い笑顔だった。

観察POINT　利用者の意思はどのようなものか、対応策への利用者の反応

文章POINT　発言から意思の確認、対応策を検討した経緯、対応策の結果を記載

★ ポイント解説

　利用者の特徴に合わせた個別ケアは、ケアの質の向上につながるため、書き残しましょう。

例⑭／家族・専門職への報告

　　ショートステイを利用している〇〇さんが、古くなって穴の開いたパンツをはいていた。生活相談員に私から相談すると、「長女の△△さんに、新しいパンツを頼んでみます」との回答。すぐに家族が新品のパンツを購入したので、〇〇さんはそのパンツを着けて私に「下着が新しいと、気持ちがいいわね」と気持ちを伝え、いつもより明るい表情をしていたので、生活相談員に報告した。

観察POINT 気づいたことが家族に伝わり生活が改善できたか

文章POINT 気づいた情報、伝達した結果を詳細に記載

⭐ ポイント解説

利用者の反応は、実際に話した言葉で記載しましょう。

例⑮／看護職・専門職への報告

　　肺炎で2週間入院していた○○さんが、今日退院してきた。看護師から、原因は誤嚥とのこと。今後の対応について、看護師や管理栄養士も含めてチームで検討する。今後の対応として、嚥下機能に合わせた食事の提供と嚥下機能の維持を図るため、嚥下体操を取り入れる。日々の食事では、嚥下状態をよく観察したうえで、変化があった場合はすぐに同じように集まり検討する。

観察POINT 原因の共有とその原因を理解し、他職種も含めた検討した対応策

文章POINT 現在の状況、他職種と検討した結果の対応策、変化があった場合の対応方法の詳細を記載

⭐ ポイント解説

　原因を共有し、その原因を理解したうえで他職種も含めて対応策を検討します。

例⑯／改善策の相談

昼食後の服薬時、〇〇さんが錠剤を手から落とし、テーブルの上を転がった錠剤を、隣に座っていた△△さんがつかんで口に入れそうになった。すぐに、そばにいたスタッフが気づき止めた。このことについて 看護師も含めてミーティングで改善策を相談 した。その結果、薬包の名前を必ず読み上げ、飲み込むまで確認することを徹底し、再発しないように努めることとなった。

観察POINT ヒヤリハットの改善策を他職種と一緒に検討しているか

文章POINT 起こったヒヤリハット、スタッフで共有、検討した改善策を記載

★ ポイント解説

話し合った改善策は、他の介護職にもわかるように詳細に記載します。

第2節
スタッフ間のやりとりに関する表現

スタッフ間のやりとりに関する表現を知っておきましょう。

①前夜の確認

　バイタルサインが落ち着いていたと日勤の担当者に報告。いつもと違って、日中の活動量が多かったためすぐに入眠と記録で確認。トイレの回数が朝まで〇〇回と記録。不眠が続いたので、医師が処方した睡眠導入剤を服用。睡眠中に尿失禁するようになったので、改善策をスタッフで検討。幻覚の症状が見られたので、精神科医を受診。歩行のふらつきが昼間もないか、確認依頼。

②食事の様子

　嚥下体操により、飲み込む力がついてきたことを言語聴覚士に報告。刻み食に変えたところ、残さず完食したことを管理栄養士に連絡。管理栄養士に、ゼリーやプリンで水分補給することを提案。食事をしたことを忘れるようになったと看護師に相談。嚥下機能が低下してきたことを言語聴覚士に報告。唾液が少なく食べにくそうだと他のスタッフと確認。義歯が合わず噛み合わせが悪いと歯科医に連絡。

③相談・引き継ぎ

　ケースカンファレンスで感染症の予防策を検討。利用者の外出の希望をかなえるためにスタッフで相談。口腔体操を取り入れ様子を見ることになったと引き継ぐ。転倒防止策についてミーティングで話し合ったことを記録。誤食に注意するようチーム内で徹底。バイタルサインの経過に注意することを引き継ぐ。三日経過観察することを周知。明日からオムツを使用することになったとチーム内で共有。薬を見直してもらうよう看護師が医師に相談。

第1節

事故・ヒヤリハットの理解

Part 1第3章第10節で述べたとおり、ヒヤリハットとは、事故につながる可能性がある出来事です。重大な事故には至らなかったが、直結する可能性があったものを、一歩手前で発見した事例を指します。そのため、このヒヤリハットを記録することで、今後起きる可能性のある事故を未然に防ぐ手がかりとなります。

❶ 表現を比べてみよう

例①／心身の状態

NG

昼食後、食堂で○○さんが咳き込んだ。「痰、痰」と言うので前かがみにして背中をさすり、痰を吐かせた。以前にも同様のことがあったが、今回も大事に至らなかったので<u>一安心</u>。

GOOD

○○さんは、慢性呼吸器疾患があり、○○さんが昼食後に食堂で、「痰、痰」と言いながら咳き込んだ。私が○○さんを前かがみにして背中をさすると、痰を出した。その後荒い呼吸が続いたので、<u>「ゆっくりと口をすぼめ、吐くのをがんばってください」</u>と声をかけると徐々に呼吸が整った。○○さんは「大丈夫、大丈夫」と言った。以前にも同様のことがあった。食事のときは飲み込む際に一度呼吸が止まるため、症状が出やすく、注意して提供したい。

観察POINT 呼吸状態、利用者の言動、呼吸法の声かけの結果

文章POINT どのような状況で現れたかの詳細、呼吸法の声かけの内容、今後の対応策を記載

⭐ポイント解説

「一安心」ではなく、呼吸方法を指導し、対策を行ったことを具体的に示します。

例②／移動

NG　車椅子に乗せてトイレに移動する際、前方に転倒して頭部を床にぶつけた。医師に診てもらった結果、頭部打撲と診断。今後、車椅子を使うときは転倒に<u>十分注意したい</u>。

GOOD　○○さんは、車椅子でトイレに移動する際、前方に転倒して頭部を床にぶつけた。すぐに看護師を呼び安静にし、医師に受診となる。受診した結果、頭部打撲と診断。頭部を打撲しているため、嘔吐やめまい、意識レベルに変化はないか注意して経過を観察する。今回は、後ろから声をかけたが、難聴があり聞こえなかったと思われるので、今後は、<u>認識されやすいように前方から声をかけてから介助する</u>。

観察POINT　事故の起きた状況、頭部打撲の様子

文章POINT　介助の状況、事故後の対応、観察すべき点、改善策を記載

⭐ポイント解説

「十分注意したい」という注意することを具体的に示します。

例③／入浴時

NG 入浴時、洗い場でバランスを崩して転倒した。職員がとっさに支えたが床に左手をつき、左手首を骨折した。<u>声かけをしたものの、動揺しているようで返事はなかった。</u>

GOOD ○○さんは、入浴時、<u>手すりを持つが、手が滑ってバランスを崩し転倒</u>。介助者がとっさに支えたが、床に左手をついた。私が○○さんに<u>「左手に痛みはありますか」と聞くと</u>、動揺しているようで返事はない。内出血や外傷はなし。すぐに身体が冷えないように、洋服を介助で着用し、すぐに看護師を呼んでストレッチャーで移動する。安静にしていると痛みが増大。次の日、受診しレントゲン撮影にて左橈骨遠位端骨折と診断される。

観察POINT バランスを崩した状況、利用者の反応、その後の対応の結果

文章POINT どのようにバランスを崩したのか、その後の対応の詳細、いつ骨折したことがわかったのかを記載

★ **ポイント解説**

事故発生時はけがへの処置を優先しますが、入浴時は、同時に体調の変化が起きないよう保温にも注意を向けます。

例④／髭剃り中

NG
　　髭剃りの介助中にカミソリで頬に傷をつけた。介助中に利用者の顔が動いてしまったのが原因だが、出血は少なく、「痛くない」と言う。傷が浅かったため、軟膏を塗った。

GOOD
　　○○さんの介助で髭剃りをしていると 顔が動いてしまい、安全カミソリで傷をつけてしまった 。出血はほとんどなく、私が○○さんに聞くと「痛くない」と言うが、認知症のため痛みを感じづらい可能性がある。看護師に報告し、傷口を消毒し軟膏を塗って処置となった。今後は、同じようなことが起きないように、髭剃りの際は手を添えて顔が動かないようにする。また、行動が落ち着く時間帯や対応方法を検討し、安全に手早く行えるようにする。

観察POINT 起きた状況、その後の対応の結果

文章POINT どのようにして起きたのか、利用者の言動、専門職への報告内容、その後の処置と改善策を記載

★ポイント解説
認知症のある利用者の場合は、言葉だけでなく表情や患部も観察します。

例⑤／転倒

NG
　23:00、トイレからコールがあり駆けつけると、トイレ内に座り込み左足首を<u>痛めていた</u>。普段、歩行器を使って介助なしで移動しているが、トイレでは転倒の危険性が高い。

GOOD
　23:00、トイレからのコールで駆けつけると、〇〇さんが便器の脇で<u>座り込んでいた</u>。診察の結果は、左足首の捻挫で骨折はしていない。「<u>歩行器から手を離し、便座に座ろうとして体勢を崩した</u>」と〇〇さんは言う。介助なしで、歩行器で歩行している〇〇さんだが、夜間帯は睡眠後なので、動作能力や注意力に変化があり、転倒の危険性が高くなる。自覚はないが足の筋肉の低下の可能性もある。自立心を尊重しながらしっかり見守ることとなった。

| 観察POINT | 起きた状況、利用者の発言 |

文章POINT　トイレのどこに座り込んでいたのか、座り込んでいた理由、けがの状況、今後の対応を記載

★ ポイント解説
トイレは密室のため、「座り込んでいた」経緯を本人に確認します。

❷ 表現を参考にしよう

┌─ 例①／心身の状態 ────────────────────
│　　○○さんが車椅子からずり落ちそうになっていたので、私が
│すぐに介助して座り直した。○○さんに私が「大丈夫ですか」
│と聞くと「うん、うん」と反応した。私が全身を触りながら痛
│みを確認すると、「大丈夫」と表情を変えることもない。|１時
│間程度はそのままの姿勢|で車椅子に座っていた。
└───────────────────────────────

|観察POINT| 座位時間、姿勢、利用者の状態・反応、痛みの有無

|文章POINT| 詳細な状況、けがや痛みの有無を記載

★ **ポイント解説**

　転落してはいなくても、転落につながるようなことが起きたことは、注意
喚起になるため記載しましょう。

┌─ 例②／排泄介助 ────────────────────
│　　私が○○さんの排泄介助をしていた際、隣のトイレから他の利
│用者が呼ぶ声がしたので、30秒ほど○○さんのもとを離れた。
│他の利用者の安全が確認できたので、○○さんのもとに戻った
│ら、便座にきちんと座れず、落ちそうになっていた。私が急いで
│姿勢を立て直し、痛みがないか身体の隅々までチェックしたが、
│|異常なし|。○○さんも私に|「大丈夫」とはっきりと言った|。
└───────────────────────────────

第
8
章
・
事
故
・
ヒ
ヤ
リ
ハ
ッ
ト
の
場
面

観察POINT 痛みの有無、利用者の意識の状態・状況

文章POINT 起きた事象の詳細、対応を記載

⭐ **ポイント解説**

発生から結果まで記載します。

例③／家族の訪問時

　　午後、○○さんの長女が訪問。居室からコールがあり駆けつけると、○○さんが差し入れの大福をのどに詰まらせていた。○○さんの意識はあり、背部叩打法で背中を強めにたたく。大福は吐き出したが呼吸が荒く、突然の出来事で動揺も激しい。バイタルサインをチェックする。血圧は162／91mmHgと少し高く、呼吸は32回／分と速いが、酸素飽和度は97％。看護師に報告し、経過観察する。

観察POINT 窒息の状況、バイタルサイン、その後の状態

文章POINT どのような状況であったのか、対応方法はどのようにしたかを記載

⭐ **ポイント解説**

　専門職に報告する前に、自ら対処したことがわかるように詳細を記載しましょう。

例④／移動

　○○さんが廊下でうずくまっていた。額をおさえていたので私が「痛みますか」と聞くと、「思い切りぶつけた。ジンジンする」とのこと。すぐにPHSで看護師を呼び対応する。○○さんは、左半側空間無視があり、介助なしの歩行だと左側の壁にぶつかることがある。そのため、移動時は介助者を呼ぶように伝えているが、一人で行動することがあった。

観察POINT 　疾患による症状、行動、今回起きたことの詳細

文章POINT 　発見したときの状況、対応を詳細に記載

★ ポイント解説

発見したときの対応を主観を入れず、詳細に記載します。

例⑤／誤嚥

　○○さんが、朝食中にむせ返り、顔を真っ赤にした。すぐにかけつけて口を開けたところ、のどに鶏肉の煮物が詰まっているのが見えた。指でかき出すと、徐々に呼吸が安定した。その後の意識レベルに変化なく、普通に会話できている。誤嚥は初めてであった。今回のことについて、家族にも現状を報告し、食形態の変更のために、嚥下機能検査も検討する。

観察POINT 　顔色・呼吸、誤嚥後の状態、利用者の反応

文章POINT 　起きた事象の詳細、対応、再発を防ぐための対策案も記録

　窒息は命に関わることのため、そのリスクがなくなるように起きた状況は詳細に記載しましょう。

例⑥／異食

　　○○さんがレクで隣の利用者に話しかけている隙に、○○さんが折り紙を口に詰め込んだ。優しい口調で「口を開けてみましょうか」と言ったが 咀嚼をやめない 。○○さんから目を離さず、職員を呼びクッキーを持ってきてもらう。私が○○さんに「こちらのほうがおいしいですよ」とクッキーを視界にもっていくと折り紙を口から出してクッキーを食べた。

観察POINT 　起きたことの詳細、介護職の連携と対応

文章POINT 　起きたことの詳細、利用者の行動、対応を記載

★ **ポイント解説**

　異食が起きないように対応することが大事ですが、起きたときは無理に取り出すのではなく、利用者に自ら出してもらえるようにします。うまくできた対応は、周囲にもわかるように記載しましょう。

例⑦／更衣

○○さんを居室で更衣介助中に めまいがあった 。ベッドサイドに座ったまま、スーと後ろに倒れかけたため、身体を支えて寝かせる。すぐにコールを押して、看護師を呼びバイタルサインをチェック。 意識は清明 。血圧が96／60mmHg に低下、体温35.8℃、呼吸20回／分、脈拍は68回／分だが、 不整脈が頻発 。看護師と相談し、救急車を呼ぶことなる。こまめに声をかけながら見守る。

観察POINT 利用者の状態、バイタルサイン、事象が起きてからの対応

文章POINT バイタルサインは数値で、利用者の状態、対応方法は具体的に記載

★ ポイント解説

救急搬送に至る判断をどのようにしたのか、状況がわかるように記載します。

例⑧／シャワー

○○さんは、血圧が高かったため、湯舟に浸からずシャワー浴であった。洗髪や洗体後にバスタオルをかけて、シャワーをかけていた。ふろおけを洗っていると「アツイッ」と○○さんの声が聞こえ、確認すると高温のシャワーを浴びていた。 肩から背部にかけて発赤 あり、「ヒリヒリする」とのこと。すぐに温度を下げ発赤部を冷やした。すぐに看護師に報告し、明日受診予定。

★ ポイント解説

事故の状況と対応したことは、誰が見てもわかるように記載します。

例⑨／浴槽

　○○さんは、浴槽に浸かり5分位経ったときに、前方に滑り込み身体が沈みそうになった。溺れる前に引き上げて大事には至らなかったがこわがり、○○さんが私に「もう出たい」と言ったので入浴を中断。居室に戻りバイタルサインのチェックを行うが変化はなし。看護師に報告し、ベッドで1時間安静にしたら落ち着いた。身長に比べ浴槽が長い場合は特に注意する必要がある。

観察POINT 事故の状況、利用者の言葉と心境、対策

文章POINT 時間の経過に沿った事実を漏らさず記載

★ ポイント解説

入浴時のリスクを周知できるように記載しましょう。

例⑩／口腔ケア

　○○さんの歯肉に炎症があるので、気をつけてケアしていたが、炎症部分に歯ブラシが触れて出血した。私が○○さんに「痛みますか」と聞くと「痛みはない」との答え。血液の混じった唾液を飲み込まないように吐き出させ、ガーゼで出血部分を5分程押さえ止血。その後出血や痛みの増大はない。今後は感染や再出血がないように、歯科医師に相談し、注意してケアをする。

観察POINT　出血時の状況、痛みの有無、利用者の言動、出血への対応

文章POINT　出血時、対応、その後の対応も記載

★ ポイント解説

　症状が悪化することもあるため、専門職への相談は忘れずに行いましょう。

例⑪／間食

　○○さんにおやつの時間のお茶を出す際、こぼれて太腿にかかってしまった。○○さんは私に「熱い。気を付けろ」と大きな声で言われた。私が○○さんに「申し訳ありません」とすぐに謝った。すぐに拭き取り、冷やしたが軽度の発赤あり。私が○○さんに「痛みはありますか」と聞くが、「今はない」とのこと。お茶の温度が高く、コップも安定性が悪いので、今後は、温度に注意することと倒れにくい形のコップに変更する。

観察POINT　いつどのようなことが起きたのか、その後の対応

文章POINT　起きたときの状況、皮膚の状態、利用者の反応、対応を
記載

★ ポイント解説

なぜ起きたのか原因を追究したことと、改善したことを記載します。

例⑫／誤薬

　　○○さんは、夕食後の食堂で、隣に座る△△さんの下剤を飲
んだ。私が△△さんに状況を聞くと、「ほかの人と話していて
振り返ったら、○○さんが薬を口に入れていて。あわてた」と
言う。配薬する職員は、○○さんの手の届くところに薬を置い
たまま、他の職員に呼ばれて、3分ほどその場を離れてしまっ
たため、△△さんが服用するまでは見守らなかった。

観察POINT　薬を飲んだ状況、他の利用者の発言

文章POINT　状況確認を詳細に記載

★ ポイント解説

　薬を飲んだ状況を他の利用者の発言も含めて確認します。再発を防ぐため
に、状況を詳細に記載します。

例⑬／外出中

　　○○さんは、午後に他の利用者2人と一緒に、買い物に出かけた。歩いて目的地のスーパー近くで、3cm程の段差につまずき、「イタタッ」と顔をしかめてしゃがみ込んだ。○○さんが私に「足首をねじったみたい。歩けない」と言った。足首に腫れはないもの痛みがあった。すぐに施設へ電話をし、迎えの車を要請した。以前より歩き方がすり足になり、つまずきやすくなっていた。

観察POINT｜つまずいた状況、発言、足首の状態、対応

文章POINT　時間、移動方法、目的地、けがをした状況、利用者の言動を記載

ポイント解説

起きたことにどのくらいの時間で対処したかを記載します。

例⑭／夜間の転倒

　　○○さんは、歩行が安定せず転倒の危険性があるが、夜間に一人でトイレに行く。ナースコールでは呼ばないため、床にセンサーマットを設置。25：00にセンサーの反応があったので部屋に行くと、○○さんがベッドの左足元側で、入口に足を向け、仰向けで床に倒れていた。声をかけても反応が薄く、意識がぼんやりしていた。全身に発赤はないが、痛みははっきりしない。

文章POINT　事故の状況を詳細に記載

★ ポイント解説

事故の状況がわかるように、利用者の状況を詳細に記載します。

例⑮／転落

居室からドンという音がして駆けつけたところ、〇〇さんがベッドの右側の床に体育座りのように座っていた。ぼーっとしているので、私が〇〇さんに声をかけ「どうしましたか」と聞くと、「寝返りをしたら腰に痛みが走った」と言った。すぐに全身状態を観察し、発赤や傷はなく、痛みは腰部のみ。看護師に報告し、湿布を貼って対応。痛みの増大はないが、翌日受診することとなった。

観察POINT　駆けつけた際の状況、利用者の反応、痛み・傷の有無

文章POINT　発見時の状況を詳細に、原因の推測から検討した対応を記載

★ ポイント解説

どのような対応をしたかの記録は、自らの職責を果たしたことの証拠となります。

224

例⑯／転倒

　○○さんは、デイルームで肘掛け椅子に座っていたが、他の利用者に呼ばれ、自力で立ち上がり、ふらふらと移動しようとして転倒。その後受診し右足骨折。○○さんは、認知症により、自身の身体能力を理解できず、度々介助なしで行動することがあった。今後、骨折したことが理解できず、一人で歩こうとされ転倒が予測できるため、見守れるような環境設定をする。

観察POINT 骨折に至った経緯から、再度同じことが起きないようにする工夫

文章POINT 事故の経緯の詳細、今後予測できる行動、対応策を記載

★ ポイント解説

　原因から改善策まで記載します。骨折に至った経緯から、今後再度同じことが起きないようにします。

第2節
事故・ヒヤリハットに関する表現

事故・ヒヤリハットに関する表現を知っておきましょう。

①移乗

　ベッドにスムーズに移ることができた。二人の介助者が安全に行った。シャワーチェアから車椅子へ安全に移乗した。車椅子からソファに自力で移乗できた。歩行器を離れて食堂の椅子に座った。便器に移乗して尻もちをついた。移乗介助の際、左腕を壁に強くぶつけ骨折。便座に移乗しようとしてバランスを崩した。転倒してうなり声をあげた。車椅子のブレーキをかけ忘れて、前のめりに倒れて額を切った。

②誤配

　朝食後の服薬は与薬ミスなく行えた。臨時薬を正しく服薬できた。全員分の食事を間違いなく配膳した。自助具のスプーンを忘れずに付けて配膳した。職員間の注意を徹底させ、今月は誤配ゼロになった。〇〇さんの薬を△△さんに渡してしまった。薬箱に間違ってセットし、そのまま与えてしまった。目を離した際、〇〇さんが別の利用者の薬を飲んだ。とろみ食の〇〇さんに刻み食を提供した。夕食に小鉢を付け忘れた。

③運動

　体操の際、隣の人と距離を取った。けがをしにくいやわらかいボールを使用した。事故を防ぐため職員の数を増やした。冷静に行えるように頻繁に声をかけた。けがなく外出レクから帰所できた。落ち着く時間帯の把握。椅子ごと後ろに転倒した。下肢のしびれが悪化した。紙風船が目に当たった。ビーチボールキックで足首を捻挫した。出血したと報告。みみず腫れになった。やけどを負った。あざが見られる。かすり傷ができた。

書式・記載例集

①ヒヤリハット報告書

ヒヤリハット報告書

令和 5 年　1 月 23 日

事業所名	特別養護老人ホーム　○○○の郷	記載（報告）者	藤吉　剛

ヒヤリハット対象者	氏名	佐藤　弘明		性別	男・女	年齢	83 歳
	介護度	要支援　1・2 要介護　1・2・③・4・5	障害 自立度	自立・J・A・B・C	認知症 自立度	自立・Ⅰ・Ⅱ・Ⅲ・Ⅳ以上	

<table>
<tr><td rowspan="6">ヒヤリハットの状況</td><td>発生日時</td><td colspan="2">令和　5　年　1　日　23　曜日　午前・午後　2　時　15　分</td></tr>
<tr><td>発生場所</td><td colspan="2">□居室　□廊下　☑トイレ　□食堂　□洗面所　□浴室・脱衣所
□屋外　□その他　（　　　　　　）</td></tr>
<tr><td>種別</td><td colspan="2">☑転倒　□転落　□衝突　□誤嚥/誤飲　□異食　□誤薬
□暴行　□自虐行為　□器物破損　□離棟・施設外徘徊
□紛失/盗難　□車両事故
□その他（言動，医療処置など）（　　　　　　　　　　　）</td></tr>
<tr><td>具体的内容</td><td colspan="2">1/23　2：05にナースコールがあり、私が自室に行くと「トイレに行きたい」と佐藤さんが言ったため、トイレまで歩行を見守る。トイレに着き佐藤さんがズボンを自力で下げ、便座に座るのを確認し、私が「終わったらナースコールを押してくださいね。お部屋まで一緒に戻りましょう」と声を佐藤さんにかけると「わかったよ、呼ぶよ」と言う。2：15他の部屋を見回っている時に、トイレの横を通るとカーテンの隙間から佐藤さんが立ち上がり、自力でズボンをあげようとして、ふらついているとこを発見。すぐに、身体を支え、ズボンを上げるのを介助した。</td></tr>
<tr><td>ヒヤリハット時の対応</td><td colspan="2">発見時にすぐに対応したため、転倒はしなかった。日中でも夜間であっても、佐藤さんは必ずナースコールを押していた。しかし、今回は押さずに、立ち上がりふらついて転倒する可能性があった。佐藤さんには、「ふらついて、転んでしまうと骨折やケガにつながる可能性があるんですよ。骨折やケガをすると歩くことが難しくなりますよ。」と私が伝えると、「わかったよ、必ず呼ぶよ」と納得される。</td></tr>
<tr><td colspan="2" style="writing-mode: vertical-rl">事故防止に向けての対応</td></tr>
</table>

事故防止に向けての対応
佐藤さんのように、普段の生活で必ずナースコールを押して呼ぶ利用者であっても、転倒した際の、影響を考えて対応する必要がある。これは佐藤さんに限った話ではなく、特に夜間帯は職員の数も少ないため、転倒する可能性がある利用者に対応するときは、常に「もしかしたら」と最悪の状況を想定して動けるように、準備をしておく。また、夜勤帯の職員は連携できるように、転倒する可能性がある利用者は、だれなのか、どのようなときに危険性が増すのかの理解の度合いが共有できるようにする。 　利用者自身にも、転倒が自らの身体に影響することを理解できるように、日頃から伝える努力をする。また、ヒヤリハット発生時には、行動した理由が利用者には必ずあるので、その理由を聞き、理解した上でただ、危険だと注意するような姿勢はとらず、次に同じような状況が起きないように最大限の配慮をする。

再発防止に向けての情報共有日　5　年　1　月　23　日

②施設サービス計画書

| 第1表 | 施設サービス計画書（1） | 作成年月日　4 年 12 月 22 日 |

（初回）・紹介・継続　　（認定済）・申請中

利用者名 佐藤 弘明 殿　　生年月日 1945 年 1 月 4 日　　住所 ○○県○○市○○○○-○○

施設サービス計画作成者氏名 ○○ ○○

施設介護支援事業者・事業所名及び所在地 特別養護老人ホーム ○○○の郷　○○県○○市○○○○-○○

施設サービス計画作成（変更）日 4 年 12 月 22 日　　初回施設サービス計画作成日 4 年 2 月 22 日

認定日 4 年 2 月 1 日　　認定の有効期間 4 年 2 月 1 日 ～ 7 年 月 日

要介護状態区分　要介護1 ・ 要介護2 ・（要介護3）・ 要介護4 ・ 要介護5

利用者及び家族の生活に対する意向
本人：元気で長生きをしたい。子どもたちが心配しているので老人ホームにいるが、本当は家に帰って1人暮らしをしたい。ホームにいる間に転ばず歩けるようになりたいし、食欲も戻して楽しく過ごしたい。
家族（長男）：本人もホームの生活に慣れてきたと思います。皆さんにご迷惑をおかけすると思いますが、こちらで皆さんと仲良く暮らしてもらいたいと考えています。
家族（長女）：今まで1人で頑張ってきましたが、ホームの生活の方が安心です。

介護認定審査会の意見及びサービスの種類の指定
特になし

総合的な援助の方針
・ホームの生活は、自宅で生活されていたのとは違い、ご不便を感じていることがあると思いますが、ご本人のご意見を同じながら、ご家族にも協力いただき、安心して暮らしていけるように職員全員で支援していきます。

生活援助中心型の算定理由　1. 一人暮らし　　2. 家族等が障害、疾病等　　3. その他（　　　　）

施設サービス計画について説明を受け、内容に同意し交付を受けました。　説明・同意日 4年 12 月 22 日　利用者同意欄 ○○ ○○

②施設サービス計画書

施設サービス計画書 (2)

第2表　　利用者名　佐藤 弘明　殿

作成年月日　4 年 12 月 22 日

生活全般の解決すべき課題（ニーズ）	長期目標	（期間）	短期目標	（期間）	サービス内容	担当者	頻度	期間
転倒することなく歩けるようになりたい	転倒することなく安全に生活できるようになる	04.12.22～05.02.28	筋力をつけて安全に移動ができるようになる	04.12.22～05.02.28	・座位保持訓練 ・関節可動域訓練 ・外出行事の参加 ・下肢筋力の向上訓練 ・歩行補助具の選定と助言 ・リハビリシューズの着用	理学療法士	3日に1回	04.12.22～05.02.28
食欲がないが栄養のあるものを食べて体力をつけたい	栄養のある食事をとって健康で元気な生活できる	04.12.22～05.02.28	少しずつ食欲がでるようになる	04.12.22～05.02.28	・食べたものを聞き出し、準備する ・体を動かして、食欲を増進させる 栄養事量の減少により、栄養不良や脱水にならないように注意する	本人・介護職員 本人 栄養士	毎日 毎日	04.12.22～05.02.28
他者と交流を持ち、楽しく過ごしたい	日常生活の活性化を図ることができる	04.12.22～05.02.28	気分転換ができる	04.12.22～05.02.28	・他者との交流・余暇時間の参加 ・レクリエーション(体操)やお茶会に参加 イベント(季節行事)に参加し楽しい時間を過ごす ・職員との雑談	本人 介護職員	週に5回 毎日	04.12.22～05.02.28

※1 「保険給付の対象となるかどうかの区分」について、保険給付対象内サービスについては○印を付す。
※2 「当該サービス提供を行う事業所」について記入する。

説明・同意日	4 年 12 月 22 日	利用者同意欄	○○ ○○

施設サービス計画について説明を受け、内容に同意し交付を受けました。

③居宅サービス計画書

第1表　居宅サービス計画書（1）

作成年月日　5年　1月　5日

○初回　・　紹介　・　継続

認定済　・　申請中

利用者名　島田　太郎　殿　　生年月日　昭和18年　8月　1日　住所　○○市○○町○○○-○

居宅サービス計画作成者氏名　○○　○○　※ケアマネジャー氏名

居宅介護支援事業者・事業所名及び所在地

居宅サービス計画作成（変更）日　令和5年　1月　5日　　　初回居宅サービス計画作成日　令和　5年　1月　5日

認定日　令和4　年　4月　1日　　認定の有効期間　令和4年　4月　1日　～　令和7年　3月　31日

要介護状態区分	要介護1　・　要介護2　・　要介護3　・　要介護4　・　要介護5
利用者及び家族の生活に対する意向を踏まえた課題分析の結果	本人：妻と暮らしたこの家に一人でも暮らし続けたい。日中家に一人でいるとさびしいので、誰かと話をしたい。 家族：最近物忘れがあるので、認知症にならないように、刺激があるような生活をしてもらいたい。毎日に楽しみを見いだせるように外出に出て、ADLの低下で、意欲も低下傾向のため、外出の機会を持つことで、心身機能の維持と社会性の維持を図る必要がある。 以上の利用者及び家族の意向も踏まえた課題として、残存機能の維持・向上により、心身機能の活性化と社会性の維持を図る必要がある。
介護認定審査会の意見及びサービスの種類の指定	特になし
総合的な援助の方針	今後も住み慣れた自宅で生活したいという希望を実現するために、下記の点を、重点的にお手伝いをさせていただきます。 ・昼夜ともに安全な生活が送れるように24時間体制のサービスを提供します。 ・毎日に楽しみを取り入れながら生きがいのある生活を継続します。 ・デイサービスでリハビリを実施することで、身体機能の維持向上を目指します。 ・デイサービスで安全に入浴することで、身体の清潔を保持します。 ・できることはご自分でしていただき、残存機能の維持・向上に努めます。 【緊急連絡先】 長女携帯電話：（ＴＥＬ：000-000-0000） 主　治　医：（ＴＥＬ：000-000-0000）○○病院　○○先生
生活援助中心型の算定理由	1．一人暮らし　　2．家族等が障害、疾病等　　3．その他（　　　　　　　　　　　）

③居宅サービス計画書

第2表　　　　　居宅サービス計画書（2）

利用者名　島田　太郎　殿　　　　　作成年月日　5年　1月　5日

生活全般の解決すべき課題（ニーズ）	長期目標	（期間）	短期目標	（期間）	サービス内容	※1	サービス種別	※2	頻度	期間
脳梗塞の後遺症があり、日常生活に不自由があるが、なんとか自分でできることはやっていきたい	自分でできることは自分で行い、自立した生活を送ることができる	050105〜050430	脳梗塞の後遺症の再発を予防し、健康的な生活を送ることができる	050105〜050430	・医師の指示による高血圧の治療および薬の処方・療養における助言・服薬管理および指導	○	○○病院○○先生	○○病院	月1回	050105〜050430
					・バイタルチェック・体調確認・栄養、水分の確認		通所介護	デイサービス○○	週2回	050105〜050430
自分の力だけで、トイレで排泄したい	自分の力だけで、トイレで排泄できる	050105〜050430	日中はトイレで排泄できる	050105〜050430	・排泄の声掛け、見守り、一部介助	○	訪問介護	訪問介護さらめき	週3回	050105〜050430
					・ズボンおよびパンツの上げ下げ介助	○	通所介護	デイサービス○○		050430
外出して、人と交流を持ちたい	他者との交流をもち、楽しく過ごす	050105〜050430	人との交流や外出の機会など、生活に楽しみがある	050105〜050430	・通所サービスの利用・レクリエーションへの参加	○	通所介護	デイサービス○○	週2回	050105〜050430
					・リハビリ体操の参加・他者との交流・スタッフとの雑談・外出行事への参加					050430

※1 「保険給付の対象となるかどうかの区分」について、保険給付対象内サービスについては○印を付す。
※2 「当該サービス提供を行う事業所」について記載する。

③居宅サービス計画書

週間サービス計画表

第3表

利用者名　　　　　　殿

作成年月日　　年　　月　　日

	月	火	水	木	金	土	日	主な日常生活上の活動
深夜 0:00								
2:00								
4:00								
早朝 6:00								
8:00								
午前 10:00								
12:00								
午後 14:00								
16:00								
夜間 18:00								
20:00								
深夜 22:00								
24:00								

週単位以外のサービス

232

③居宅サービス計画書

第4表

サービス担当者会議の要点

利用者名 　　　　　　殿　　　　　居宅サービス計画作成者（担当者）氏名　　　　　　　作成年月日　　年　　月　　日

開催日　　年　　月　　日　開催場所　　　　　開催時間　　　　　開催回数

会議出席者	所属（職種）	氏名	所属（職種）	氏名	所属（職種）	氏名
利用者・家族の出席 本人：[ ] 家族：[ ] （続柄：　　） ※備考						
検討した項目						
検討内容						
結論						
残された課題 （次回の開催時期）						

③居宅サービス計画書

第5表

居宅介護支援経過

利用者名		殿			居宅サービス計画作成者氏名		作成年月日	年	月	日
年 月 日	項 目	内 容		年 月 日	項 目		内 容			

③居宅サービス計画書

第6表

認定済・申請中

居宅介護支援事業者⇒利用者

保険者番号	
被保険者番号	

年　月分　サービス利用票（兼居宅（介護予防）サービス計画）

作成年月日　　　年　　月　　日
届出年月日　　　年　　月　　日

保険者名	
フリガナ	
被保険者氏名	
生年月日　明・大・昭　　年　　月　　日	性別　男・女
要介護状態区分　1　2　3　4　5	
変更後要介護状態区分　1　2　3　4　5	
変更日　　　年　　月　　日	
居宅介護支援事業者事業所名	
担当者名	
区分支給限度基準額	単位／月
限度額適用期間　　年　　月から　　年　　月まで	

月間サービス計画及び実績の記録

提供時間帯	サービス内容	サービス事業者事業所名	日付	1	2	3	4	5	6	7	8	9	10	11	12	13	14	15	16	17	18	19	20	21	22	23	24	25	26	27	28	29	30	31	合計回数
			曜日																																
			予定																																
			実績																																

前月までの短期入所利用日数

③居宅サービス計画書

第7表　サービス利用票別表

作成年月日　　年　月　日

区分支給限度管理・利用者負担計算

事業所名	事業所番号	サービス内容/種類	サービスコード	単位数	割引後単位数	割引率	回数	サービス単位/金額	給付管理単位数	種類支給限度基準を超える単位数	区分支給限度基準を超える単位数	区分支給限度基準内単位数	単位数単価	費用総額（保険/事業対象分）	給付率（%）	保険/事業費請求額	定額利用者負担単価金額	利用者負担（保険/事業対象分）	利用者負担（全額負担分）

合計

区分支給限度基準額（単位）

種類別支給限度管理

サービス種類	種類支給限度基準額（単位）	合計単位数	種類支給限度基準を超える単位数	サービス種類	種類支給限度基準額（単位）	合計単位数	種類支給限度基準を超える単位数
訪問介護				短期入所生活介護			
訪問入浴介護				短期入所療養介護			
訪問看護				福祉用具貸与			
訪問リハビリテーション				地域密着型通所介護			
通所介護				認知症対応型通所介護			
通所リハビリテーション							
				合計			

要介護認定期間中の短期入所利用日数

前月までの利用日数	当月の計画利用日数	累積利用日数

236

④通所介護計画書

【（地域密着型）通所介護計画書】（記載例）

作成日： 令和 ○ 年 11 月 3 日	前回作成日： 令和 ○ 年 10 月 3 日	初回作成日： 令和 ○ 年 8 月 8 日

ふりがな 氏 名　こべつ　たろう 個別　太郎	性別	大正　／　㊙昭和 △年 4 月 2 日生 82 歳	要介護度 要介護1	計画作成者：○○　○○ 職種：理学療法士（機能訓練指導員）

障害高齢者の日常生活自立度： 自立 J1 J2 Ⓐ1 A2 B1 B2 C1 C2	認知症高齢者の日常生活自立度： 自立　Ⅰ　Ⓐa　Ⅱb　Ⅲa　Ⅲb　Ⅳ　M

Ⅰ 利用者の基本情報

通所介護利用までの経緯（活動歴や病歴）
昨年末から物忘れの症状が出現し、○年1月にアルツハイマー型認知症と診断された。最近、外に出る機会が乏しく、家に閉じこもりがちであり、家事を行う回数も少なくなってきている。

利用者本人の希望	家族の希望
自宅での生活を続けたい。自宅のお風呂に入れるようになりたい。デイサービスではお風呂に入る練習をしたり、他の利用者と話をしたい。買い物が好きなので、近所に買い物に行けるようになりたい。	本人が希望する限りは、自宅で一緒に暮らし続けたい。以前のように元気で過ごしてほしい。ハリのある生活をするため、家事などがまたできるようになってほしい。

利用者本人の社会参加の状況
自宅では簡単な調理の手伝いをしている。（元々家事や買い物を積極的に行っていた。手先が器用で工作や習字、絵を描くことが得意。）
社交的な性格で、顔なじみの近所の人と話をすることを楽しみにしている。

利用者の居宅の環境（利用者の居宅での生活状況をふまえ、特によく使用する場所・使用したいと考えている場所の環境を記入）★
・居宅は2階建ての一軒家。利用者の居室は1階にあり、2階にあがることはほとんどない。玄関、廊下、居室内には手すりがある。
・浴室環境は利用者の心身の状況からみて使用上の問題はない。
　（床に段差なし、滑り止め加工あり。浴槽の高さは50センチ。バスボードを用いて入浴椅子での配置あり。別添写真参照。）

健康状態（病名、合併症（心疾患、呼吸器疾患等）、服薬状況等）★	ケアの上での医学的リスク（血圧、転倒、嚥下障害等）・留意事項★
・アルツハイマー型認知症（ドネペジル5mg/1X朝を内服中） ・高血圧症（アムロジピン5mg/1X朝を内服中）	・血圧上昇時には運動を控えること。

Ⅱ サービス利用目標・サービス提供内容の設定

利用目標

長期 目標	設定日　○年 8月 達成予定日　△年 2月	・自宅での生活を継続する。 ・近所のスーパーで買い物ができるようになる。	目標 達成度	達成・一部・未達
短期 目標	設定日　○年 11月 達成予定日　△年 2月	・他の利用者とのコミュニケーションを図る。 ・スーパーで買い物ができるようになるために心身機能を回復する。	目標 達成度	達成・一部・未達

サービス提供内容（※）

	目的とケアの提供方針・内容	評価 実施	達成	効果、満足度など	迎え（有・無）	
①	11月 4日 ～ 月 日 入浴（自宅で入浴ができるよう、自宅の浴室環境をふまえ、福祉用具を選定し入浴動作を練習する）	㊙実施 一部 未実施	達成 ㊙一部 未実施	脱衣・着衣、洗髪に問題はないが、浴槽をまたぐ動作に不安があり、バスボードを用いて入浴練習を行う。	プログラム（1日の流れ）	
					（予定時間）	（サービス内容）
②	11月 4日 ～ 月 日 昼食（自身でメニューを選び、配膳・下膳を行う（食事介助なし））	㊙実施 一部 未実施	達成 ㊙一部 未実施	自身で栄養バランスを考えてメニューを選ぶことや、食事の準備・片付けをすることができている。食後声掛けにより、服薬もできている。	10時00分	サービス開始
					10時30分	入浴
③	11月 4日 ～ 月 日 個別機能訓練（個別機能訓練計画書を参照）	㊙実施 一部 未実施	達成 一部 未実施	―	12時00分	昼食
					13時30分	個別機能訓練
④	11月 4日 ～ 月 日 レクリエーション（他の利用者との会話を楽しむ。習字や合唱のプログラムに参加する）	㊙実施 一部 未実施	㊙達成 一部 未実施	他の利用者と楽しく会話をすることができている。習字や合唱のプログラムにも毎回参加している。	15時00分	レクリエーション
⑤	月 日 ～ 月 日	実施 一部 未実施	達成 一部 未実施		16時00分	サービス終了
					送り（有・無）	

特記事項
利用者はもともと活発な方であり、機能訓練やレクリエーションに積極的に参加したいと考えている。

実施後の変化（総括）　再評価日：　令和○年 11月 3日
デイサービスに通い始めてから3か月が経過し、デイサービスの環境にも慣れてきている様子。機能訓練やレクリエーションにも積極的に参加しており、他者と関わる機会も増えている。自宅で生活を続けるために、心身の状態を確認し、事業所内ではできる限り自身の残存能力を活かして行動する促すとともに、自身の力での対応が難しい場合は介助を行っていく。

※サービス提供内容の設定にあたっては、長期目標・短期目標として設定した目標を達成するために必要なプログラムとなるよう、具体的に設定すること。
※入浴介助加算（Ⅱ）を算定する場合は、★が記載された欄等において必要な情報を記入すること。

利用者・家族に対する本計画の説明者及び同意日	
説明者	説明・同意日
○○　○○	○年 11月 5 日

（地域密着型）通所介護 ○○○ 事業所No. 000000000	〒000-0000　住所：○県○○市○○ 00-00 Tel.000-000-0000/Fax.000-000-0000	管理者：

⑤サービス等利用計画・障害児支援利用計画

サービス等利用計画・障害児支援利用計画

利用者氏名（児童氏名）	○○　○○	障害支援区分	区分○	相談支援事業者名	○○相談支援センター
障害福祉サービス受給者証番号	1234567890	利用者負担上限額	○○○○円	計画作成担当者	○○　○○
地域相談支援受給者証番号		通所受給者証番号			
計画作成日	令和○年○月○日	モニタリング期間（開始年月）	令和○年○月○日	利用者同意署名欄	○○　○○

利用者及びその家族の生活に対する意向（希望する生活）	【利用者の意向】 就職して生活していけたらいいのか分からないし、何をどうすればいいのか分からない。具体的に教えて欲しい。いつまでも家族を頼りにしていてはダメだから、自立していきたいと思う。家のことをもう少しはできるようになりたいと思っている。 【家族の意向】 私たちももう年だし、いなくなったとき大丈夫なのか心配。本人ができることを見つけて、見つけて、働けたらいいなと思っている。
総合的な援助の方針	まず、○○さんや両親が、○○さんの特徴や得意なこと、苦手なことを理解できるように支援する。次に得意なことを生かした仕事を探すといった具体的な取り組みを決める。
長期目標	日中に目的の場所に出かけるように、生活のリズムを整えられるようにする。気分の浮き沈みがないか定期的に確認し、サービスを調整する。
短期目標	両親以外のヘルパーと一緒に一人で外出できるようになる。

優先順位	解決すべき課題（本人のニーズ）	支援目標	達成時期	福祉サービス等		課題解決のための本人の役割	評価時期	その他留意事項
				種類・内容・量（頻度・時間）	提供事業者名（担当者名・電話）			
1	外に出ると不安だから、安心して出かけてみたい。	不安なく外出できるように、ヘルパーと出かけてみる。	3か月間	移動支援（2週に1回）	○○ヘルパー事業所（○○さん）	外出してみたいところを操作できるスマホで検索してみる。	毎月	外出の計画は、本人にも書いてもらいヘルパーに当日説明する。
2	自分の気持ちや伝えたいことが言いにくいので、自分が何かをできるようになりたい。	毎月面接をして、話ができるように自分の気持ちを少しずつ伝えていけるようにする。今後の具体的な取り組みを決める。	3か月間	相談支援事業所 発達障害・精神障がい相談支援センター	○○相談支援センター（○○さん） ○○発達障がい相談センター・○○	毎日の出来事を、そのときのことを気分が忘れないように記録する。	毎月	
3	自分のできる仕事を知りたい。	相談するところを見つけ、いろいろな説明を受けて、自分の得意なことなどを知る。	3か月間	相談支援事業所障害者就業・生活支援所障害支援センター	○○相談支援センター（○○さん） △△就業・生活支援センター・○○	障害者就業・生活支援センターから、どのような支援があるのか説明を聞く。	毎月	
4								
5								
6								

⑤サービス等利用計画・障害児支援利用計画

サービス等利用計画・障害児支援利用計画【週間計画表】

利用者氏名（児童氏名）	○○ ○○		障害支援区分	区分○		相談支援事業者名	○○相談支援センター
障害福祉サービス受給者証番号	1234567890		利用者負担上限額	○○○○円		計画作成担当者	○○ ○○
地域相談支援受給者証番号			通所受給者証番号				
計画開始年月	令和○年○月○日						

時間	月	火	水	木	金	土	日・祝	主な日常生活上の活動
6:00	起床 朝食	起床 朝食	起床 朝食	起床 朝食	起床 朝食	起床 朝食	起床 朝食	まずは、ガイドヘルパーと一緒に安定して外出できるようになる。次に、日中に活動できる場所を相談する。
8:00								
10:00								
12:00	昼食	昼食	昼食	昼食 希望した場所に ガイドヘルパーと外出 2週に1回	昼食	昼食	昼食	
14:00		○○メンタルクリニック 通院（月に1回）						
16:00	スマホ	スマホ	スマホ	スマホ	スマホ	スマホ	スマホ	
18:00								
20:00	入浴	入浴	入浴	入浴	入浴	入浴	入浴	
22:00	就寝	就寝	就寝	就寝	就寝	就寝	就寝	
0:00								
2:00								
4:00								
							週単位以外のサービス	月に1回○○相談支援センターと一緒に自分を振り返る。2ヶ月に1回○○発達障がい相談支援センターで面接。不定期に○○相談支援センターと一緒に△△生活支援者就労・生活支援センターから就労・生活について聞く。

サービス提供によって実現する生活の全体像	外出できるような生活リズムが身につき、起床時間が早くなる（7時台）。定期的に外出ができる。

239

⑥アセスメントシート

課題分析表（アセスメントシート）　氏名〇〇　〇〇

	状　　　態
健康状態	現在の病気や症状、既往歴などを記入。 （例）高血圧症（平成2年）、脳梗塞（平成17年）、右片麻痺（不全麻痺）（平成17年）
ADL	ADL（寝返り・起きあがり・移乗・歩行・着替え・入浴・排泄など）の状況について記入。 （例）ベッドから起き上がり時介助が必要。屋内移動は壁や柱に手をつきなんとか歩行で移動している。屋外は車椅子介助。
IADL	IADL（調理・掃除・買い物・金銭管理・服薬状況等）に関する項目について記入。 （例）洗濯物はたためる。洗濯・調理・買い物・掃除は家族。薬は飲み忘れがあるので、家族が定期的に確認している。
認知	日常の意思決定を行なうための認知能力の程度に関する項目について記入。 （例）最近のことは忘れやすく、名前が出てこないなどあるが、日常生活に支障をきたすことはない。
コミュニケーション能力	意思の伝達、視力、聴力等のコミュニケーションに関する項目を記入。 （例）老眼鏡をかけて新聞が読める。大きな声で話せば通じるが、電話は聞こえないことが多い。意思の疎通は可能。
社会との関わり	社会との関わり（社会活動への参加意欲、社会とのかかわりの変化、喪失感や孤独感）に関する項目について記入。 （例）介助が必要ならため、家族がこないと外に出ない。本人も外に出たがらない。
排尿・排便	失禁の状況、排尿排泄後の後始末、コントロール方法、頻度などに関する項目を記入。 （例）トイレでのズボンの上げ下げが難しいため介助が必要
じょく創・皮膚の問題	じょく創の程度、皮膚の清潔状況等に関する項目を記入。 （例）仙骨部に発赤が発生しやすい。全身乾燥傾向、軟膏を塗っている。
口腔衛生	歯・口腔内の状態や口腔衛生に関する項目を記入。 （例）総義歯。毎夜洗浄液につけて自己管理できている。
食事摂取	食事摂取（栄養・食事回数・水分量等）に関する項目。 （例）好き嫌いなく1日3回食べる。時折、朝食はいらないという。お茶は良く飲んでいる。
問題行動	問題行動（暴言暴行、徘徊、介護の抵抗、収集癖、火の不始末、不潔行為、異食行動等）に関する項目を記入。 （例）「大丈夫、できるから」と家族の手伝いを拒むことがある。鍋を焦がすことは見られる。
介護力	利用者の介護力（介護者の有無、介護者の介護意志、介護負担、主な介護者に関する情報等）に関する項目を記入。 （例）独居。家族は遠方にいるが日中フルタイム勤務。家族の負担が大きい。
住環境	住宅改修の必要性、危険箇所等の現在の住環境について記載する項目を記入。 （例）段差が多く、風呂も深く滑りやすい。手すりは階段のみ。日当たりはよい。
特別な状況	特別な状況（虐待、ターミナルケア等）に関する項目。 以前は長女と同居。言葉が荒くなり関係悪化、5年前に妻と死別してから独居。

⑥アセスメントシート

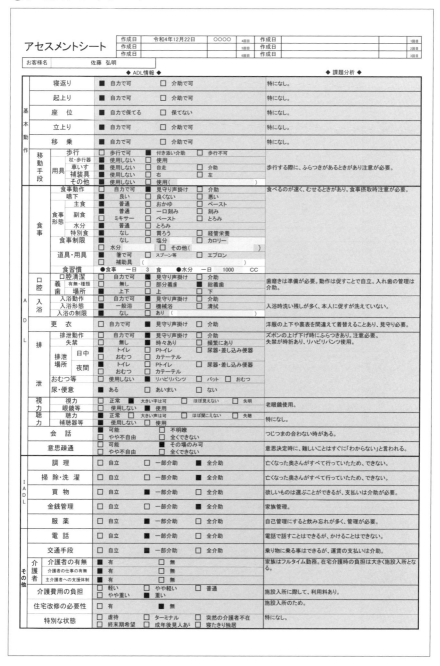

アセスメントシート

	作成日	令和4年12月22日	○○○○	4日目	作成日			1日目
	作成日			5日目	作成日			2日目
	作成日			6日目	作成日			3日目

お客様名　　佐藤 弘明

区分	項目			◆ ADL情報 ◆				◆ 課題分析 ◆
基本動作	寝返り		■ 自力で可	□ 介助で可				特になし。
	起上り		■ 自力で可	□ 介助で可				特になし。
	座 位		■ 自力で保てる	□ 保てない				特になし。
	立上り		■ 自力で可	□ 介助で可				特になし。
	移 乗		■ 自力で可	□ 介助で可				特になし。
移動手段	歩行		□ 歩行で可	□ 付き添い介助	□ 歩行不可			歩行する際に、ふらつきがあるときがあり注意が必要。
	用具	杖・歩行器	■ 使用しない	□ 使用				
		車いす	■ 使用しない	□ 自走	□ 介助			
		補装具	■ 使用しない	□ 右	□ 左			
		その他	■ 使用しない	□ 使用(	)			
食事	食事動作		□ 自力で可	□ 見守り声掛け	■ 介助			食べるのが速く、むせるときがあり。食事摂取時注意が必要。
	嚥下		■ 良い	□ 良くない	□ 悪い			
	食事形態	主食	■ 普通	□ おかゆ	□ ペースト			
		副食	■ 普通	□ 一口刻み	□ 刻み			
			□ ミキサー	□ ペースト	□ とろみ			
		水分	■ 普通	□ とろみ				
		特別食	■ なし	□ 胃ろう	□ 経管栄養			
	食事制限		■ なし	□ 塩分	□ カロリー			
			□ 水分	□ その他(	)			
	道具・用具		■ 箸で可	□ スプーン等	□ エプロン			
			□ 補助具	(	)			
	食習慣		●食事　一日　3　食　●水分　一日　1000　CC					
口腔	口腔清潔		□ 自力で可	■ 見守り声掛け	□ 介助			歯磨きは準備が必要。動作は促すことで自立。入れ歯の管理は介助。
	義歯	有無・種類	□ 無し	□ 部分義歯	■ 総義歯			
		場所	□ 上下	□ 上	□ 下			
入浴	入浴動作		□ 自力で可	■ 見守り声掛け	□ 介助			入浴時洗い残しが多く、本人に促すと洗えていない。
	入浴形態		□ 一般浴	■ 機械浴	□ 清拭			
	入浴の制限		□ なし	■ あり(	)			
	更 衣		□ 自力で可	■ 見守り声掛け	□ 介助			洋服の上下や裏表を間違えて着替えることあり、見守り必要。
排泄	排泄動作		□ 自力で可	■ 見守り声掛け	□ 介助			ズボンの上げ下げ時にふらつきあり。注意必要。失禁が時折あり、リハビリパンツ使用。
	失禁		□ 無し	■ 時々あり	□ 頻繁にあり			
	排泄場所	日中	■ トイレ	□ Pトイレ	□ 尿器・差し込み便器			
			□ おむつ	□ カテーテル				
		夜間	■ トイレ	□ Pトイレ	□ 尿器・差し込み便器			
			□ おむつ	□ カテーテル				
	おむつ等		□ 使用しない	■ リハビリパンツ	□ パット	□ おむつ		
	尿・便意		■ ある	□ あいまい	□ ない			
視力聴力	視力		□ 正常	■ 大きい字は可	□ ほぼ見えない	□ 失明		老眼鏡使用。
	眼鏡等		□ 使用しない	■ 使用				
	聴力		■ 正常	□ 大きい声は可	□ ほぼ聞こえない	□ 失聴		特になし。
	補聴器等		■ 使用しない	□ 使用				
	会 話		■ 可能	□ 不明瞭				つじつまの合わない時がある。
			□ やや不自由	□ 全くできない				
	意思疎通		■ 可能	□ その場のみ可				意思決定時に、難しいことはすぐに「わからない」と言われる。
			□ やや不自由	□ 全くできない				
IADL	調 理		□ 自立	□ 一部介助	■ 全介助			亡くなった奥さんがすべて行っていたため、できない。
	掃 除・洗 濯		□ 自立	□ 一部介助	■ 全介助			亡くなった奥さんがすべて行っていたため、できない。
	買 物		□ 自立	■ 一部介助	□ 全介助			欲しいものは選ぶことができるが、支払いは介助が必要。
	金銭管理		□ 自立	□ 一部介助	■ 全介助			家族管理。
	服 薬		□ 自立	■ 一部介助	□ 全介助			自己管理にすると飲み忘れが多く、管理が必要。
	電 話		□ 自立	■ 一部介助	□ 全介助			電話で話すことはできるが、かけることはできない。
	交通手段		□ 自立	■ 一部介助	□ 全介助			乗り物に乗る事はできるが、運賃の支払いは介助。
その他	介護者	介護者の有無	■ 有	□ 無				家族はフルタイム勤務。在宅介護時の負担は大きく施設入所となる。
		介護者の仕事の有無	■ 有	□ 無				
		主介護者への支援体制	■ 有	□ 無				
	介護費用の負担		□ 軽い	□ やや軽い	□ 普通			施設入所に際して、利用料あり。
			□ やや重い	■ 重い				
	住宅改修の必要性		□ 有	■ 無				施設入所のため。
	特別な状態		□ 虐待	□ ターミナル	□ 突然の介護者不在			特になし。
			□ 終末期希望	□ 成年後見人あり	□ 寝たきり独居			

⑦フェイスシート

フェイスシート

作成年月日　5 年　1 月　11 日

アセスメント理由	⓪初回　更新　区変　変化（悪化・改善）　退院　退所　その他（　　　　　）

ふりがな	しま　だ　たろう		生年月日	昭和18年　8月　1日（79 歳）
利用者氏名	島田 太郎　　⓪男 女			

住　所	○○市○○町○○○-○ 電話（○○ - ○○○○）	家族構成図
世帯区分	①単身　2高齢者のみ　3その他（　　　）	

家族構成図

家族構成	氏　名	続柄	年齢	健康状態
	夏目 絢子	長女	51	問題なし
	島田 貴志	長男	49	問題なし

緊急連絡先	氏名	続柄	住所	電話番号
	夏目 絢子	長女	○○県○○○市○○町○○-○○	○○○○-○○-○○○○
	島田 貴志	長男	○○県○○市○○町○○-○	○○○○-○○-○○○○

生活上における課題	脳梗塞による右片麻痺があるため、家事やベッドから起き上がり時、トイレでのズボンの上げ下げが難しいため、介助が必要。家族の支援は、月に1回長女が訪問。

生活歴	これまでの職業・家庭生活・趣味・習慣など 生まれも育ちもこの○○市。父親の代から続く、印刷会社を経営。趣味は海づり。自治会長を昨年まで行っていた。妻は、5年前に死別。長女、長男は遠方。独居で暮らしていた。

既往歴現病歴	高血圧症（平成2年）、脳梗塞（平成17年）、右片麻痺（不全麻痺）（平成17年）

障害高齢者の日常生活自立度	J1 J2 A1 Ⓐ2 B1 B2 C1 C2	認知症高齢者の日常生活自立度	自立　Ⅰ　Ⓘa Ⅱb Ⅲa Ⅲb Ⅳ M

認定情報	申請中　要支援1　要支援2　要介護1　⓪要介護2　要介護3　要介護4　要介護5			
	認定年月日	4年　4月　1日	認定期間	4年　4月　1日 ～ 7年　3月 31日

被保険者情報等	介護保険	被保険者番号　○○○○○-○○○○○
	医療保険	国保　社保　⓪後期高齢
	身体障害者手帳	⓪無　有（　　種　　級　　　　　）
	生活保護	⓪無　有　　受給者番号　　負担者番号

かかりつけ医	病院名	連絡先	内服薬や軟膏薬	内容
	○○医院	○○○○-○○-○○○○		○○○○○（降圧剤）
	○○○○皮膚科	○○○○-○○-○○○○		○○○○○（緩下剤）
				○○○○○○（軟膏薬）

⑧サービス実施記録

サービス実施記録

お客様氏名	島田　太郎　　様	ヘルパー名	村上　花子　　㊞
利用日時	5 年　2 月　3 日(金)　9：20～10：50		利用者確認印
サービス内容	身体介護(身体(40 分)生活(50 分))・生活援助のみ(　　　分) 通院等乗降介助(　　　　　)・　予防(　　　　　　) その他(　　　　　　　　　　　　　)		

確認		(火元)　・　(水道)　・　(電気)　・　(戸締り)	◆利用者の状態
介護保険（予防）	身体介護	☑健康チェック　☑排泄介助((トイレ介助)・ オムツ交換) □食事介助　□洗髪　□部分浴(手 ・ 足)　□清拭 □全身入浴　□口腔ケア　☑身体整容　□体位変換 □移動・移乗介助　□通院介助　□外出介助 ☑離床介助　□着床介助　□見守り(付き添い等)	
	生活援助	□健康チェック　□掃除　□洗濯　□衣類の整理 □ベッドメーキング　　□配膳　□薬引取り ☑調理 (献立 ご飯、みそ汁、肉野菜炒め、ゴボウのきんぴら) □日用品等(預り金　　　円)(買物　　　円おつり　　　円)	◆体温・血圧 体温　　36.0　度 (検温時間　9:25) 血圧 112/ 78 ㎜ Hg
◆その他		管理者　　サ責	訪問介護　きらめき ○○県○○市○○-○ ○○○○-○○-○○○○

243

⑨ケア情報記録表

利用者名	佐藤 弘明 様	78歳	163cm	58.6kg	要介護3	認定期間 4年2月1日～7年1月31日

日付			3/5(月)	3/6(火)	3/7（水）	3/8(木)	3/9(金)
呼吸 ■ / 脈拍 ▲ / 体温 ●			▲■●	▲■●	▲■●	▲■●	▲■●
血圧			110/79	112/69	109/71	111/67	108/66
SPO2			99	98	99	97	98
内服薬	朝		○	○	○	○	○
	昼		○	○	○	○	○
	夕		○	○	○	○	○
	就寝前		○	○	○	○	○
食事	朝		主9 副10	主10 副8	主10 副9	主10 副10	主9 副10
	昼		主10 副8	主8 副7	主8 副8	主8 副8	主8 副8
	夕		主9 副9	主9 副8	主10 副9	主10 副10	主10 副10
	10時 15時		10時○15時○	10時○15時○	10時○15時○	10時○15時○	10時○15時○
水分量			900	1100	750	800	950
排泄	排尿		4回	5回	5回	4回	4回
	排便		1回普通	1回軟便	1回軟便	1回軟便	1回普通
入浴			○			○	
口腔ケア	朝		○	○	○	○	○
	昼		○	○	○	○	○
	夕		○	○	○	○	○
義歯チェック	朝		○	○	○	○	○
	昼		○	○	○	○	○
	夕		○	○	○	○	○
処置			なし	なし	なし	なし	なし
特記事項			なし	なし	なし	なし	なし
備考			なし	なし	なし	なし	なし
日勤者サイン			植村	阿部	小林	池田	前田
夜勤者サイン			寺本	藤吉	高橋	田中	上田

⑩ケース記録

ケース記録

利用者名　佐藤　弘明　様

日付	時刻	内容	サイン
3/13	18:30	佐藤さんは、15 時頃に娘さんからの饅頭を 3 つも食べてい	
		た。夕食が食べられないのではないかと心配していたが、しっか	
		りと完食。3 ヶ月前の入所時は、食事を半分以上残すことが	
		多かったが、ここ 1〜2 ヶ月は完食することが多く、体重も 1.5	
		kg 増えた。食べ過ぎには注意が必要だが、以前より活動	
		的になり、顔色もよくなる等、心身の状態は改善している。	池田
	21:30	就寝前薬の内服を介助しようと居室に行くと、ベッドの端に座	
		っていた。私が「どうしましたか」と聞くと、佐藤さんは、「トイレに	
		行くんだ」と言われたので、トイレまで歩行を見守る。就寝前	
		薬内服前なので、特にふらつきもなく、歩行は安定していた。	
		トイレ終了後、部屋まで戻り、ベッドに座り一息ついたところ	
		で、薬を内服。むせることなく、薬と共にコップの水を 100ml	
		飲んだ。「じゃあ、おやすみなさい」と言って、布団に入った。	高橋
3/14	23:55	コールあり、居室に行くと佐藤さんが私に「トイレに行くよ」と言	
		って、ベッドの端に座っている。トイレまで歩行を見守りするが、	
		ふらつきもなく一歩一歩確認しながら、歩いていた。トイレが終	
		わり、部屋まで帰るが歩行は安定。私が「眠れてますか」と	
		聞くと、佐藤さんは「今度の薬はいいみたい。よく眠れるよ」と。	
		布団に入るのを確認して、居室を出た。	高橋
3/15	5:00	コールあり、居室に行くと佐藤さんが私に「もう、起きるよ、とり	
		あえずトイレね」と言って、トイレに向かって歩き出す。歩行は	
		安定。ふらつきはない。トイレが終わり、部屋まで戻るときも歩	
		行安定。「では、もうコールはいらないですよ。朝ごはんになっ	
		たら声をかけますね」と伝えると、佐藤さんは「頼むね」と言っ	
		て、布団に入った。	高橋
	17:00	朝の申し送りで、就寝前薬変更後、夜間の歩行は安定して	
		いたとのこと。看護師より、「引き続きあと 2 日間程度は、夜	
		間の歩行の様子を観察して、記録してほしい」とのこと。そのこ	
		とを夜勤者に申し送り、必ず記録するように依頼する。	藤吉
	21:00	就寝前薬内服のため、居室に行くと、佐藤さんから私に「それ	
		じゃトイレだな」とトイレまでに歩行。歩行は安定。部屋に戻り	
		薬をコップ一杯の水で内服した。	阿部

⑪通所介護業務日誌

通 所 介 護 業 務 日 誌

年月日	令和 5 年 2 月 1 日 (水)	サービス提供時間帯	9：00　～　17：00

担当職員	生活相談員	渡辺	看護職員	古賀	機能訓練指導員	佐々木
	介護職員	黒川、小木、浦川			管理者	佐竹

利用者数

区分		内訳	定員超過	有　（無）
要介護者	8名（欠席　0名）			
要支援者	3名（欠席　0名）		サービス提供時間数別の利用者数等は、別紙	
そ の 他	0名（欠席　0名）		のとおり	
合　　計	11名（欠席　0名）			

入浴

区　　分	人	利用者名
一　般　浴	8名	甲木、香川、竹松、下川、中島、山田、矢部、吉田
特　別　浴	2名	山澤、浦部
部　分　浴	1名	戸川
清　　拭	0名	なし
中　　止	0名	なし

食事

区　　分	人	利用者名
一　般　食	9名	甲木、香川、竹松、下川、中島、山田、矢部、吉田、山澤
特　別　食	2名	浦部、戸川
中　　止	0名	なし

送迎

		三潴コース		大木コース		安武コース	
送迎	着	9：20	4名	9：15	4名	9：25	3名
	発	17：00	3名	17：00	4名	17：00	3名

【サービス内容】

プログラム		具体内容	主な担当者職・氏名
9:00～9:30	送迎	時間通りに運行	荒井、大黒、佐藤
9:30～9:45	うがい・手洗い	全員行う	黒川、小木、浦川
9:45～10:00	バイタルサイン測定	特に変化なし	古賀
10:00～10:40	入浴または運動	リハビリ体操、入浴	佐々木、小木
10:40～11:40	レクリエーション	ゲーム、手芸	浦川
11:40～12:00	嚥下体操	嚥下体操	黒川
12:00～13:00	食事	中止者なし	黒川、小木、渡辺
13:00～15:00	入浴または運動	リハビリ体操、入浴	佐々木、小木
16:00	レクリエーション	ゲーム、歌	黒川
16:30	終わりの会	次回の予定説明	黒川
17:00	送迎	時間通りに運行	荒井、大黒、佐藤

【特記事項】

サービス提供を中止した利用者（氏名：　　　　　理由　　　　　　　　　　　） 甲木マサコさんは送迎車使わず、家族の迎え。		
記録者	（職種・氏名）介護福祉士　黒川　瞳	
管理者コメント	新型コロナウイルスやインフルエンザ等の感染症に注意継続	確認印　佐竹

著者紹介

鈴木　真（すずき　まこと）

株式会社まこじろう福祉事務所　執行取締役
公益社団法人　神奈川県介護福祉士会理事
神奈川県立西部総合職業技術校　非常勤講師
映画「ケアニン」「ケアニン2」介護指導

YMCA健康福祉専門学校にて介護福祉士を取得し病院で勤務。役職者として、病棟運営や人材育成に関わり介護教員の資格も取得。教育を学ぶ中で、介護過程での介護の専門的な思考を言葉にすることや記録として文字に残すことの重要性を知る。退職後は、介護事業所教育担当やボランティア活動の事務局をする中で、介護業界をよりよくしたい、「環境を変えることで介護が変わる」と株式会社まこじろう福祉事務所を設立し、人材育成のコンサルタントや講師として活動する。現在は、訪問看護と小規模多機能型居宅介護を開所して、「困った人が目の前にいたら助ける」と、さまざまなケースを断らず、精力的に受け入れている。
著書に『そのまま書ける！　早引き　介護記録の文例・表現辞典』（ナツメ社）、『よくある場面から学ぶ介護記録』（中央法規出版）がある。

基本解説と事例でよくわかる
伝わる介護記録の書き方

2023年3月30日　　　初版第1刷発行

著　者──鈴木　真
© 2023 Makoto Suzuki
発行者──張　士洛
発行所──日本能率協会マネジメントセンター
〒103‐6009 東京都中央区日本橋2‐7‐1　東京日本橋タワー
TEL　03（6362）4339（編集）／ 03（6362）4558（販売）
FAX　03（3272）8128（編集）／ 03（3272）8127（販売）
https://www.jmam.co.jp/

装　丁──吉村　朋子
本文DTP─TYPEFACE
カバーイラスト© hisa-nishiya-stock.adobe.com
印刷所──広研印刷株式会社
製本所──ナショナル製本協同組合

ISBN978-4-8005-9079-4　C0047
落丁・乱丁はおとりかえします。
PRINTED IN JAPAN

改訂版
介護福祉スタッフのマナー 基本テキスト

田中 千惠子 編

利用者のタイプに合わせた対応、職場内コミュニケーションなど、現場で働くために知っておきたいマナーと関連知識をやさしく解説します。イラスト付きQ&A問題、ミニケーススタディ、練習問題で具体的に理解できるように工夫しています。

B5判　272頁＋別冊32頁

日本能率協会マネジメントセンター